社会福祉の新潮流 ⑧

社会福祉援助技術論

——基本と事例

北本佳子・湯浅典人 編著

学文社

執筆者

北本　佳子（城西国際大学）……………編者　プロローグ　第1章・第3章①
湯浅　典人（文京学院大学）………編者　エピローグ　第2章・第3章③・年表
庄司　妃佐（城西国際大学）………………………………第3章②
鵜崎明日香（文京学院大学非常勤講師）………………第3章③⑤
坪井　真（城西国際大学）……………………………第3章④・第4章③
矢野　明宏（東日本国際大学）……………………第4章①・第5章③
大庭　憲弘（文京学院大学非常勤講師）………………第4章②
石河久美子（日本福祉大学）………………………第5章①②

亀田　尚（西南学院大学）…………………………………年表

（学びのオリエンテーション執筆担当部分は文中に氏名を付した）

プロローグ —本書のねらいと特徴—

　今日，高齢者の介護問題をはじめ，社会福祉にかかわる問題は国民の一部の問題ではなく，誰もがその当事者になりうる身近な問題となってきた．また，福祉系の大学や短期大学，専門学校の数は飛躍的に増え，社会福祉の実践現場で働く人びとも130万人を超えた．このように，社会福祉の問題が他人事ではなく，身近な問題となり，社会福祉を学ぶ学生や実践現場で働く人も増えた中でも，社会福祉の専門的な援助活動であるソーシャルワークについては，それがどのような援助活動で，どのような専門的な援助技術（社会福祉援助技術）を用いたものなのかなど，必ずしも十分に理解されているとはいいがたい状況にある．

　しかも，それは福祉に関心をもち，福祉系の大学，短期大学，専門学校等に入学してくる学生にとっても同様で，入学試験の面接などで，多くの学生が「ソーシャルワーカーになりたいから．」「社会福祉士の資格を取得したいから．」というような志望動機をあげるが，ソーシャルワーカーあるいは社会福祉士がどのような援助を行うのかなどについては，同じ社会福祉の分野の専門職である保育士や介護福祉士などが行う保育や介護に比べると，その理解やイメージはかなり乏しいことがうかがえる．

　そこで，本書では社会福祉援助技術をはじめて学ぶ人，あるいはソーシャルワークに関心のある人が社会福祉援助技術とはどのようなものか，またそれを用いた援助活動（ソーシャルワーク）とはどのようなものなのかが，具体的にわかりやすく，興味や関心をもちながら学べることを意図した．具体的には，各節のはじめに「事例」を入れて，その「事例」を通してその節で学ぶ内容に興味や関心，問題意識をもてるように配慮するとともに，節によっては，さらに理解を促すための事例を紙面が許す範囲で数多く挿入した．しかも，本書ではそのように事例を多く用いながらも，それらの事例の紹介や解説にとどまることのないように，社会福祉援助技術を学ぶ上で大切な基本的知識や考え方，キーワード，社会福祉援助技術にかかわる近年の動向等も，本書を読むことで

理解できるように心がけた．

　そのため，本書でいう「事例」は，従来のテキスト等で用いられている意味の社会福祉の援助事例だけを指すのではなく，読者が各節の内容に興味や関心，問題意識がもてるようなトピックであったり，事件であったり，学生の会話であったりもする．もちろん，わが国における社会福祉の援助活動（ソーシャルワーク）が，どのようなものであるかがわかるような援助事例も紹介してあるが，事例によっては，通常のテキストに提示されているような社会福祉援助技術の典型的な展開過程どおりに展開されていないものもある．また，事例紹介の枠組みについても，従来の個別援助技術（ケースワーク）の事例，集団援助技術（グループワーク）の事例，地域援助技術（コミュニティ・ワーク）の事例といった援助技術別のものではない形をとっている．それは，本書を通して読者に，社会福祉援助技術に関する単なる知識の理解だけでなく，社会福祉の援助活動（ソーシャルワーク）の実際を知ってもらうこと，そしてそれをふまえながら，今日求められてきている社会福祉援助技術やソーシャルワークのあり方等についても，理解を深めてもらいたいとの意図からである．

　こうした意図のもとに，これまでの社会福祉援助技術に関するテキストではみられない特徴をもって本書を完成することができたが，事例に紙面の多くを割いたため，理論面の解説や専門用語の紹介・説明などについては十分に網羅できなかった部分もある．それらについては，各章の最後に提示してある「学びを深めるために」に紹介した著作の内容を参考にしてもらうとともに，「学びのオリエンテーション」に記述した内容をもとに，そうした点からの関心をさらに深めていっていただければと思う．

　最後に，本書を通して，一人でも多くの読者の社会福祉援助技術あるいはソーシャルワークへの理解，興味・関心が高まることを願うとともに，内容に関する忌憚のないご批判やご教示，ご要望をいただければ幸いである．

　平成17年春

編　者

目　次

プロローグ……i

第1章　福祉専門職と社会福祉援助技術……1

❶ 福祉専門職と社会福祉援助技術の位置……2

| 事例1 | 福祉系大学の新入学生の話……2
| 事例2 | 福祉系大学の新入学生の友人との会話……2

　　1　福祉専門職とは──医療専門職との比較──……3
　　2　福祉専門職と社会福祉援助技術の位置……7

❷ 福祉専門職の倫理……10

| 事　例 | 児童養護施設における虐待事件……10

　　1　専門職の価値と倫理……11
　　2　福祉専門職と倫理綱領……12

❸ 福祉専門職と専門的援助関係……17

| 事例1・2 | 福祉系大学生の実習内容……17

　　⇨学びを深めるために……21
　　★学びのオリエンテーション　業務独占と名称独占……22

第2章　社会福祉援助技術の歴史的展開……23

❶ 社会福祉援助技術の源流……24

| 事　例 | 福祉系大学生の授業後の会話……24
| 事例1 | 却下ケース（COS）……25
| 事例2 | 紹介ケース（COS）……25
| 事例3 | 援助ケース（COS）……26

❷ 社会福祉援助技術の確立……29

| 事　例 | マリア・ビエロフスキーの事例……30

❸ 社会福祉援助技術の発展……32
| 事 例 | ニッキーの事例……33
| 事 例 | 矯正施設でのグループ討議……35

❹ 社会福祉援助技術の統合化と新展開……39
| 事 例 | ビリーの事例……44

⇨学びを深めるために……47

★学びのオリエンテーション
基礎8科目（basic eight）と戦後日本の社会福祉教育のカリキュラム……48

第3章　社会福祉援助技術の体系と概要……49

❶ 社会福祉援助技術の体系と活動分野……50
| 事 例 | 福祉系大学の新入生の疑問……50
　　1　社会福祉援助技術の体系と概要……50
　　2　福祉専門職の活動分野……55

❷ 個人・家族への援助と社会福祉援助技術……56
| 事 例 | 在宅介護支援センターでの相談援助……56
　　1　ソーシャルワーカーと利用者の出会い……57
　　2　個別援助の経過……58

❸ 集団への援助と社会福祉援助技術……69
| 事 例 | グループワークを始めるきっかけ……69
　　1　人とグループ（集団）のかかわりあい……70
　　2　集団援助技術とは……70
　　3　集団援助技術を必要とする人と活用の場……71
　　4　集団援助技術の構成要素……72
　　5　集団援助技術の展開過程……74
| 事 例 | 回想法グループの準備……75
| 事 例 | 回想法グループの開始……76
| 事 例 | 回想法グループの展開……79

目　次　v

| 事 例 | 回想法グループの終結……82

❹ 地域への援助と社会福祉援助技術……84

| 事 例 | 福祉のまちづくりと社会福祉協議会……84
　1　市区町村社会福祉協議会中心の取り組みと社会福祉援助技術……85
| 事 例 | ボランティア・コーディネーターの戸惑い……85
| 事 例 | PR活動と住民集会への参加……90
　2　ボランティア活動の支援……93
| 事 例 | ボランティア・コーディネートとボランティア学習……93
　3　共同募金と福祉教育の支援……95
| 事 例 | 学校教育の支援……95
　4　福祉サービス利用援助事業……97
| 事 例 | 都道府県社会福祉協議会や関係者との連携……97
　5　心配ごと相談事業……99
| 事 例 | 民生・児童委員との連携……99
　6　福祉機器貸し出し事業……101
| 事 例 | サービス提供とニーズの把握……101

❺ 組織の運営管理と社会福祉援助技術……102

| 事 例 | 新人職員の感想……102
　1　利用者サービスと組織……105
| 事 例 | チームワークを高めて利用者サービスを向上させた
　　　　特別養護老人ホーム……105
　2　地域と組織……107
| 事 例 | 地域との関係を見直しサービスの拡大を図った保育所……107
　3　職員と組織……110
| 事 例 | 成果をだす職員を育成した特別養護老人ホーム……110
　4　評価と組織……113
| 事 例 | オンブズマンの評価を導入し
　　　　施設の信頼性を高めた身体障害者療護施設……113

　⇨学びを深めるために……118

★学びのオリエンテーション
　社会福祉援助技術とコミュニケーション……119

個人・家族への援助……119
モラールの向上……120

第4章　社会福祉援助技術の展開過程……121

❶ 居宅介護支援サービス（ケアマネジメント）の事例とその展開過程……122

| 事例 | 右大腿部頸部骨折の妻を夫が介護している萩原さん夫婦……122
1　入口（ケース発見，スクリーニング，インテーク）……122
2　アセスメント（情報収集，事前評価）……125
3　ケース目標の設定とケアプランの作成……128
4　実　施……129
5　モニタリング……130
6　再アセスメント……131
7　終　結……132

❷ 社会福祉施設を基盤としたソーシャルワークの事例とその展開過程……132

| 事例 | 入居施設の生活から地域でのひとり暮らしへ……132
1　重度身体障害者更生施設の退所が迫る……134
| 事例 | 与えられたのは2つの選択肢だった……134
2　通所施設のワーカーとの出会い……135
| 事例 | とにかくH市に行ってみよう……135
3　生まれ育ったH市へ……137
| 事例 | 誰も教えてくれなかった……137
4　障害をもつ仲間との出会い……138
| 事例 | 自分にもできるかもしれない……138
5　H市でひとり暮らしを始めて……141
| 事例 | 働いてみたい……141
6　H市で暮らし続けたい……142
| 事例 | 楽しい生活を送りたい……142

❸ 地域を基盤としたソーシャルワークの事例と
　その展開過程……144
　| 事 例 | 　近隣住民との関係が希薄な高齢者世帯への支援事例と課題……144
　　1　インテーク（受理面接）……146
　| 事 例 | 　NPO設立に関する相談受付……146
　　2　アセスメント……147
　| 事 例 | 　組織内での検討と計画立案……147
　　3　インターベンション・モニタリング・再アセスメント(1)……148
　| 事 例 | 　NPOに関する講演会の開催……148
　　4　インターベンション・モニタリング・再アセスメント(2)……149
　| 事 例 | 　NPOと地域福祉活動をテーマとした学習会の開催……149
　　5　インターベンション・モニタリング・再アセスメント(3)……151
　| 事 例 | 　NPO設立メンバーへの相談援助……151
　　6　インターベンション(4)……153
　| 事 例 | 　NPO設立メンバーと関係機関相互のネットワーキング……153
　　7　インターベンション・終結……154
　| 事 例 | 　設立したNPOの活動支援と連携……154
　⇨学びを深めるために……155
　★学びのオリエンテーション　障害者ケアマネジメント従事者研修……157
　　　　　　　　　　　　　　　広がる地域福祉活動の担い手……158

第5章　社会福祉援助技術における近年の動向と
　　　　援助者のあり方……159

❶ 新しい概念と援助のあり方……160
　| 事 例 | 　ドメスティック・バイオレンスを受ける女性たち……160
　　1　エンパワーメント……161
　| 事 例 | 　ハワイアン・コミュニティにおけるエンパワーメント……162
　　2　アドボカシー……163
　| 事 例 | 　外国人を支援する民間団体でのアドボカシー……164
　　3　ソーシャルインクルージョン……165

| 事 例 | 無国籍児　ノーラの事例……165

❷ 国際化と社会福祉援助活動……166
| 事 例 | フィリピン人女性シルビアの事例……166
　1　「内なる国際化」の現状……167
　2　滞日外国人の抱える生活問題……170
　3　「異文化間ソーシャルワーク」と滞日外国人支援……171
| 事 例 | 日本人夫からの暴力を受けているジョセフィンの事例……173

❸ 援助者と組織……174
| 事 例 | 施設職員の悩み……174
　1　バーンアウト（燃え尽き症候群）……175
　2　チームワーク……177
| 事 例 | 高齢者福祉施設におけるチームワーク……177
　3　専門職団体……181
| 事 例 | 専門職団体の活動……181

　⇨学びを深めるために……185
　★学びのオリエンテーション　多文化ソーシャルワーカーとは……186
　　　　　　　　　　　　　　　スーパービジョンとコンサルテーション……187

エピローグ……189

ソーシャルワーク（社会福祉援助技術）年表……190

索　引……195

第1章
福祉専門職と社会福祉援助技術

1　福祉専門職と社会福祉援助技術の位置

《事例1》福祉系大学の新入学生の話

　大学の入学式に向けて，美容院に行ったところ，美容師さんから「明日は大学の入学式なんだ．大学では何を勉強するの？」と聞かれて，「社会福祉」と答えた．一瞬，間があった後で，「じゃお年寄りとか障害をもつ人のお世話をするんだ．スゴイネェ．それで，将来はそういうこととかボランティアをするの？」といわれた．その反応に何となく違和感があったが，その場では「そんなに，すごくなんかないですし，将来のことはまだよく分からないんです」と答えた．しかし，そう答えたものの，本当は福祉の仕事はお年寄りや障害をもつ方のお世話以外にもあると思うし，それはボランティアとも違うと思ったが，どう説明したらよいのかわからなかった．

《事例2》福祉系大学の新入学生の友人との会話

　大学に入学後まもなく，高校時代の友達と話をしていたら，その友達から「今度おばあちゃんが，老人病院から老人ホームに入ることになって，うちの家族は，ちょっと親戚なんかへの世間体は悪いかもしれないけれど，中身はあまりかわらないし，病院の看護師さんより今度の老人ホームの寮母さんの方が何となくやさしそうだったからいいかもっていってるんだけど．ほんとに老人病院と老人ホームってかわらないの？　それなら，看護師さんのしていることと寮母さんの仕事とはどう違うの？」と聞かれた．その話を聞きながら，確かに老人病院にも老人ホームにも寝たきりのお年寄りが多いし，ちょっとみた感じではどこがどう違うのか分からないと思った．だから，仕事の中身もあまりかわらないのかなと思いつつ，でも何となく違う感じもした．けれども，自分ではまだ福祉を勉強し始めたばかりなので，何がどう違うか分からず，「ごめん．まだよく分からないから，今度大学で勉強してくるね」といって，その場しのぎの回答をした．だが，その後いくつかの授業に出席してみたが，まだよく分からないままである．

　新入学生の事例からもうかがえるように，福祉の仕事に対する一般的な理解の中には，「奉仕」や「献身」といったイメージでとらえられることもあり，どうしても「すごい」とか「大変」とか「偉い」といった評価がなされやすい．加えて福祉の仕事を無償のボランティア活動と混同される場合もある．しかし，今日では社会福祉に従事する有給職員は130万人を超えており，さらに社会福

祉士や介護福祉士，精神保健福祉士を代表とする「福祉専門職」の国家資格も成立している．しかし，それでも具体的な仕事内容等については，上述の事例2からも分かるように看護師と寮母のような介護職（介護福祉士など）との違いも含めて，十分に理解されていない部分がある．

本節では，福祉の仕事を「福祉専門職」ととらえ，その内容を明らかにするとともに，そうした福祉専門職の専門技術の一つである社会福祉援助技術との関係やそれらの位置などについて考えていく．

1 福祉専門職とは──医療専門職との比較──

ここでは，「福祉専門職」とは何かについて，福祉専門職の隣接分野である医療専門職と比較しながら，考察していく．それによって，冒頭の事例2で紹介した寮母と看護師の違い，言い換えれば寮母が行う「介護」と看護師が行う「看護」の違いも理解できると考えられる．なお，福祉専門職については，その専門性や社会的承認の程度などから，医師や弁護士等のように伝統的に専門職として認められてきた専門職に比べると，専門職としては十分に確立しているとはいえず，いまだ「準専門職」としての位置にあるという見解もある．しかし，前述のように，わが国の社会福祉の分野においては国家資格も成立し，福祉の仕事に従事する上では専門的な知識や技術，倫理の必要性が社会的にも認識されつつあることなどをふまえて，ここでは福祉専門職としてとらえてみていく．

(1) 対 象

最初に，福祉専門職の対象（何が，あるいは誰が仕事の対象なのか）について考える前に，福祉専門職よりも一般にイメージしやすい医師や看護師等の医療専門職の対象についてみていく．

まず，通常人びとが医療専門職のいる病院や診療所に行くのはどのようなときかを考えてみると，病気や怪我などをしたときだといえる．したがって，こ

の病気や怪我，またそうした病気や怪我をした人が医療専門職の対象だということができる．だが，ここではそれをもう少し抽象化するため，病気や怪我，あるいはそうした状況にある人について見方をかえてとらえてみる．それは，健康でない状態，すなわち健康に問題や障害がある状態といえることから，医療専門職の対象は「健康問題」あるいは「健康障害」ないしは，「健康問題」や「健康障害」を抱えた人びと（患者）としてとらえることができる．

　では，それに対して福祉専門職の対象はどのようにいうことができるだろうか．話が少し迂回するが，たとえば，社会福祉施設の一つである特別養護老人ホームに入所している利用者が肺炎などの病気になった場合や骨折などの怪我をした場合には，ホームでは治すことができないので病院に行き，状況によっては入院することになる．このことからも，やはり健康問題（健康障害）を対象とする医療現場と老人ホームなどの福祉現場では機能が異なるということが理解できる．しかし，この入院した利用者が肺炎，あるいは骨折が治って退院することになったとき，もしほかに何も問題がないのならば，通常は自宅に帰ることになるだろう．だが，利用者は何らかの問題を抱えているからこそ，自宅ではなく施設に帰ることになる．この問題とは何だろうか．それが福祉専門職が対象とする問題だといえる．つまり，たとえば病気や怪我が治っても，一人で食事ができない，入浴ができない，排泄ができないなどの身の回りの介護を始めとした日常生活が通常に営めないという問題，つまり「生活問題（生活障害）」があるということである．もちろん，それを家族が担う場合もあるが，それができない生活状況にあるからこそ，ホームへの入所ということになるのである．

　このように，福祉専門職の対象は「生活問題」ということができるが，この生活問題は，単に介護に関する問題だけを指すものではない．たとえば，私たちが「生活に困っている」といった場合に，介護の必要性をいっているのではなく，経済的に困っているということを意味していることからも分かるように，経済的な問題（貧困）も生活問題であり，福祉専門職の対象である．さらに，

児童虐待の問題，障害をもつ人びとの社会参加や就労の問題なども，憲法第25条の「健康で文化的な最低限度の生活を営む権利」の保障ということを出すまでもなく，彼らが通常の生活をしていく上で解決が求められる生活問題であり，福祉専門職の対象となる問題である．

以上からも，福祉専門職は広範な意味をもつ「生活問題」あるいは「生活障害」を抱えた人びとを対象とするといえることを理解することができよう．またそれとともに，上述した貧困のような生活問題を考えるとわかることであるが，その問題は必ずしも問題を抱える個人の能力や態度といったその個人だけに問題の原因があるということではなくて，仕事をしたくても仕事がないとか，一生懸命働いても低賃金であるといった資本主義社会がもつ問題や，同和問題にみられるような地域住民や社会の差別や偏見といったことが，その個人に立ち現れているという視点をもつことも重要である．それによって，以下で述べるように，その問題解決にあたっては，利用者個人とともに，利用者を取り巻く地域や社会にも働きかける必要性の理解にもつながるからである．

(2) 方 法

次に，福祉専門職がどのように利用者の問題を解決していくのかという方法について考えてみる．これも，医療専門職と対比してみてみるが，医療専門職はその対象である健康問題（障害）を抱えた患者を対象に，「治療」や「看護」を行ってその問題を解決するということができる．また，近年では，健康問題への対応ということでは，「予防」や「リハビリ」を行うということも，その問題解決に向けた方法ということができよう．

一方，福祉専門職の問題解決方法にはどのようなものがあるだろうか．前述の対象のところでもふれたが，高齢者や障害者に対する食事や入浴，排泄等の「介護」のほか，児童に対する「保育」や「養護」，あるいは相談や助言，指導をはじめとした「相談援助」を行うことがあげられる．なお，その「相談援助」を中心として利用者の問題解決を行う場合に用いられる福祉専門職の専門

的な援助技術を「社会福祉援助技術（ソーシャルワーク）」という．その内容は次節や第3章で詳しく述べられるが，上述の対象のところでもふれたように，大きくは利用者個人に直接に働きかけたり，地域や社会といった利用者を取り巻く社会環境に働きかけたり，あるいは個人と環境の接点に介入して援助を行うことが特徴的である．

ところで，問題解決にあたってのより具体的な方法についてみてみると，医療専門職では，患者の治療にあたって，手術や検査などの医療技術の提供のほか，たとえば注射や投薬が行われるように，福祉専門職でも，利用者の援助にあたって，上述したような相談援助や介護などのサービスのほか，物品（たとえば，介護機器や補装具）の提供といった「現物給付（サービス給付）」が行われるほか，経済的な問題（貧困）を抱えた利用者などには，生活保護をはじめとする各種制度に基づいた「金銭給付」による問題解決が図られている．

(3) 目 的

では，医療専門職ないしは福祉専門職は，何を目的として（何を目指して）いるのだろうか．

医療専門職についていえば，これまでみてきたことからも分かるように，まず健康問題（障害）を抱えた患者の「健康の維持・回復」を目指して治療や看護が行われるといえる．それとともに，たとえばターミナル期にある患者などに対する医療活動をみると理解しやすいが，ペイン・クリニック（痛みの除去緩和）などをはじめ，「安全・安楽」を目指した活動も行われていることがわかる．

一方，福祉専門職の目的は，さまざまな生活問題（障害）を抱えた利用者に対して，何でもお世話をしたり助けたりするのではなく，その人のもつ力を生かした「自立支援」を行うことがあげられる．もちろん，この自立には狭い意味の身体（身辺）的自立や経済的自立だけでなく，精神的自立や社会的自立なども含まれるといえるとともに，より広義には，日常生活において自己決定や

自己選択，自己管理できることなども自立としてとらえられるようになってきている．

また，そうした自立とともに，福祉専門職には利用者の「自己実現」を目指すことも求められている．そして，この自己実現とは，利用者が単に「健康で文化的な最低限度の生活」が保障されるだけでなく，自分の望む人生を歩むことができること，もっと具体的な表現でいえば，「生きていてよかった」と思える人生を歩むことができるよう支援することだといえる．さらに，今日ではこの自己実現と近い内容であるが，国際ソーシャルワーカー連盟（IFSW）のソーシャルワークの定義（2000年7月）によれば，「人間の福利（ウェル・ビーイング）の増進」ということが，福祉専門職の目指すところとされている．

最後に参考までに，国際ソーシャルワーカー連盟（IFSW）のソーシャルワークの定義（2000年7月）を紹介しておく．

（定　義）
　ソーシャルワーク専門職は，人間の福利（ウェル・ビーイング）の増進を目指して，社会の変革を進め，人間関係における問題解決を図り，人びとのエンパワーメントと解放を促していく．ソーシャルワークは，人間の行動と社会システムに関する理論を利用して，人びとがその環境と相互に影響し合う接点に介入する．人権と社会正義の原理は，ソーシャルワークの拠り所とする基盤である．

2　福祉専門職と社会福祉援助技術の位置

これまで福祉専門職とは何かについてみてきたが，ここでは福祉専門職とその援助活動やそこで用いられる援助方法（社会福祉援助技術）について，社会や法律，制度，政策，さらに各種の社会福祉機関・施設・団体との関連から，その位置づけや関係について，図1-1をもとにみていきたい．

図1-1 福祉専門職の位置と役割

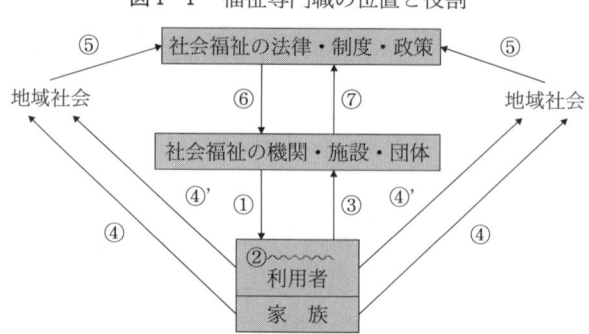

(1) 社会福祉の機関・施設・団体と福祉専門職

わが国の福祉専門職は，図1-1において福祉専門職の援助活動を示す①の矢印が，社会福祉の機関（公的機関），各種施設，団体（社会福祉協議会など）の中から出ているように，アメリカでは何万人ものソーシャルワーカーが独立開業しているのとは異なり，基本的にそうした機関や施設，団体などに属して仕事をしている．もちろん，社会福祉士も介護福祉士も開業（自営）ができることになっているが，実際に開業をしているのは，全体からみればほんのわずかである．また，他の関連分野で働く福祉専門職や高齢化の進展の中で増加してきているシルバーサービスなど，民間の営利企業の中で働く福祉専門職もみられるようになってきているが，やはり何といっても社会福祉の機関・施設・団体で働く場合が圧倒的に多いので，ここでは社会福祉の機関・施設・団体における福祉専門職を中心にみていく．

そうした機関・施設・団体に属する福祉専門職だが，生活問題を抱える利用者に対して行う相談や助言，指導，支援，介護，保護，などの援助活動（①の矢印）や，日々の接触等の中で（②の利用者のところの波線の部分），利用者から新たな問題やニーズを訴えられたり，声にされてこなかった問題やニーズを発見したり，それをいえるよう力づけたり（エンパワーメント）することもある．その上で，福祉専門職はそうした利用者の訴えをすくい上げ，代わりに機関・施設・団体等へ訴えるなどの代弁（アドボカシー）をする（③の矢印）ほか，

必要な社会資源を活用できるよう仲介したり、家族や地域社会との調整や連携を図ったりする（④の矢印）。また、さらに利用者の問題解決にあたって、それが地域住民の偏見や差別意識といった意識啓発や意識変革（④'の矢印）、あるいは社会福祉制度の制定や現存する変革が必要な場合には、それに向けて社会変革的な活動（⑤の矢印）が必要になる。

このように多様な活動が、のちに詳しくみていく社会福祉援助活動として福祉専門職には求められるのである。

(2) 社会福祉の法律・制度・政策と社会福祉の機関・施設・団体

これまでは、福祉専門職の援助活動を利用者との関係でみてきたが、その援助活動のあり方を考える上では、その両者の関係やあり方だけでなく、社会福祉の法律や制度、政策の内容やあり方を看過することはできない。というのも、図1-1の⑥の矢印が法律等から機関・施設・団体に向いているように、さまざまな法律や制度や政策が、社会福祉の機関・施設・団体のあり方、さらにはそこで働く福祉専門職をはじめとする援助者の処遇（サービス）のあり方などをも規制しているからである。たとえば、施設の運営については、法律の最低基準や運営基準によって、施設の設備基準や職員の人数、資格、処遇（サービス）のあり方などが定められていることからも、福祉専門職の援助活動はそうした法律や制度、政策のあり方にも大きく影響を受けていることが理解できよう。それゆえ、福祉専門職は各法律や制度、政策の内容を理解するとともに、日々利用者に接している立場から、利用者の視点からその内容やあり方を検討し、場合によっては法律や制度、政策の改善や創設を求めていくこと（矢印の⑦）も必要になるということである。つまり、上でみたように利用者の問題解決やニーズの充足を図る上では、その代弁（アドボカシー）をするなどの機関・施設・団体との関係だけでは解決できず、政策的な対応を求めなければならない問題があるということであり、その際には、一人の福祉専門職が個人として動くだけでなく、専門職としての団結や前述したような住民の関心や意識

を高めるための啓発活動などを通した政策対応（たとえば，署名，陳情，請願など）が求められるのである．

　以上から，福祉専門職は各種の法律や制度，政策などの規制のもとに運営されている社会福祉の機関，施設，団体に所属しながら，利用者への力づけ（エンパワーメント）や直接的な援助活動，社会資源の活用や調整を行うとともに，利用者の代弁（アドボカシー）を通して，そうした所属組織に働きかけたりするほか，さらにはそうした組織を規制している法律，制度，政策の改善や創設を求めるなどのソーシャル・アクションや，そのための住民への啓発などを行い，利用者の問題解決と社会の変革（福祉の向上）を行う位置（役割）にある．

② 福祉専門職の倫理

《事例》児童養護施設における虐待事件
　2003年7月，岡山県のある児童養護施設に入所していた元園生5人が，在園時に強制的に働かされ，職員に暴力も受けた，と当時の児童指導員と施設を運営する社会福祉法人を相手取り，一人あたり1,100万円の損害賠償請求を求める訴えを岡山地裁に起こした．訴えを起こした元園生の一人のAさんによれば，学校から帰ると，すぐに園長の息子で実質的な責任者だった男性指導員が経営していた会社の作業（買い物袋づくり）に動員され，夕食後も続けさせる．土日も休めず，「ノルマを課せられ，作業が遅いと連帯責任で殴られた」ということであった．（朝日新聞・東京・2003年7月28日より）

　福祉専門職は，本来，利用者の権利を守り，自立支援を行うはずである．しかし，ごく一部の援助者によるものではあるが，それとはまったく反対の反福祉的な事件が，事例にあげた児童福祉分野に限らず，たとえば福島県の知的障害者施設白河育成園で発覚した利用者への体罰・薬の乱用事件など，あとをたたない．

　そこで，本節では，そうした問題を考える上で不可欠な専門職の価値や倫理について考え，その後，福祉専門職が遵守すべき倫理綱領について，わが国に

おけるこれまでの展開とその内容の理解を図ることを目指す．

1 専門職の価値と倫理

　まず，福祉専門職だけではなく，医師や弁護士をはじめ，一般に専門職と呼ばれる職業につく者には，専門的知識や専門的技術を習得することはもちろんのこと，それとともにそれぞれの専門職の目指す価値（たとえば，人権の尊重，社会正義など，それぞれの専門職が重視する信念や理想）の実現に向けて，職業上守るべき行動規範，すなわち職業倫理を遵守することが要請される．

　というのも，福祉専門職を含む，医師や弁護士などの専門職が行う仕事のあり方は，はじめにあげた事例をみてもわかるように，その対象となる人の生命や生活に大きな影響を及ぼすため，そうした専門職に患者や利用者が安心して自己の生命や生活をゆだねることができるようにする上でも，各専門職はどのような価値を重視し，それを実現するためにどのような職業倫理を守るのかを表明する必要がある．また，そうした職業倫理が専門職一人ひとりで異なっていたりしたら，それは同じ専門職間での公平さが保たれないばかりか，患者や利用者も安心して，治療や援助を受けたり，弁護を依頼したりすることができない．そこで，各専門職団体がそれぞれの目指す価値を含む職業倫理を明文化し，公にすることが必要であり，実際にそれを公に宣言したものが「倫理綱領」である．

　そもそも，専門職の英語である profession という言葉の語源である profess の意味が，「公言する」とか「宣誓する」ということからも，専門職というのはそうした職業倫理を宣言する者ということが意味されている．

　さらに，倫理綱領を公に示すことで，専門職にとってはそれが自らの行動指針になるとともに，これから専門職を目指す人びとにとってはそれぞれが目指す方向や目標になることから，倫理綱領は実践や教育を方向づける機能をもつとともに，万一専門職がその倫理にいちじるしく逸脱した場合には，各専門職団体からの懲戒が加えられることになることからも，専門職団体の自浄作用の

機能ももっているといえる．

2 福祉専門職と倫理綱領

(1) 倫理綱領の歴史的展開

　わが国の福祉専門職の倫理綱領に関する歴史的展開をみてみると，1961年に医療分野におけるソーシャルワーカー（医療ソーシャルワーカー：MSW）の専門職団体である日本医療社会事業協会が，その目的や秘密の保持などを含む5つの文章からなる倫理綱領を，わが国の福祉専門職団体としてはじめて採択した．また，同じ時期の1960年には，日本ソーシャルワーカー協会が設立され，ソーシャルワーカーの倫理綱領案も検討されたが，資金面の問題や活動の停滞などもあり，採択にまでは至らなかった．一方，精神保健福祉の分野のソーシャルワーカー（精神医学ソーシャルワーカー：PSW）の専門職団体である日本精神医学ソーシャル・ワーカー協会（現在の日本精神保健福祉士協会）は，1973年の同協会の大会において協会の倫理綱領を策定した．

　その後，1986年に国際社会福祉会議が日本で開催されることが決定されると，それとあわせて休眠状態であった前述の日本ソーシャルワーカー協会が1983年に再建され，倫理綱領の作成も再開された．その結果，倫理綱領は1986年4月の同協会定期総会において可決され，国内外に宣言されるとともに，その倫理綱領は1992年4月には同協会の倫理綱領としてだけでなく，わが国のソーシャルワーカーの倫理綱領とすることに決定された．またそれは，1993年には日本社会福祉士会の倫理綱領として，さらにその日本社会福祉士会が1995年に社団法人化した折にも，それがそのまま倫理綱領として採択された．

　このように倫理綱領を共有する日本ソーシャルワーカー協会と日本社会福祉士会は，この間に大きく変動した新たな時代における倫理綱領改訂のための協議を2000年12月から開始した．2001年3月からはそれに日本医療社会事業協会も参画し，「『ソーシャルワーカーの倫理綱領』の改訂のための合同作業委

員会」として改訂作業が進められ，2002（平成14）年10月には「『ソーシャルワーカーの倫理綱領』改訂案」を公表し，各会員や社会福祉関連の学会などの学識経験者から意見（パブリック・コメント）を求めた．その後，同年12月にはこれまで改訂作業を行ってきた3団体に加えて，日本精神保健福祉士協会が参加し，社会福祉専門職4団体からなる社会福祉専門職団体協議会（通称：社専協）は，新たに倫理綱領委員会を立ち上げ，国際ソーシャルワーカー協会（IFSW）の倫理綱領の改訂にかかわる動向を意識しながら，改訂最終案が取りまとめられ，2005（平成17）年1月にそれが公表された．その改訂最終案は，以下の通りである．

ソーシャルワーカーの倫理綱領（最終案）

2005年1月27日
社会福祉専門職団体協議会・倫理綱領委員会
委員長　仲村　優一

前　文

　われわれソーシャルワーカーは，すべての人が人間としての尊厳を有し，価値ある存在であり，平等であることを深く認識する．われわれは平和を擁護し，人権と社会正義の原理に則り，サービス利用者本位の質の高い福祉サービスの開発と提供に努めることによって，社会福祉の推進とサービス利用者の自己実現をめざす専門職であることを言明する．

　われわれは，社会の進展に伴う社会変動が，ともすれば環境破壊及び人間疎外をもたらすことに着目する時，この専門職がこれからの福祉社会にとって不可欠の制度であることを自覚するとともに，専門職ソーシャルワーカーの職責についての一般社会及び市民の理解を深め，その啓発に努める．

　われわれは，われわれの加盟する国際ソーシャルワーカー連盟が採択した，次の「ソーシャルワークの定義」（2000年7月）を，ソーシャルワーク実践に適用され得るものとして認識し，その実践の拠り所とする．

　ソーシャルワークの定義
　ソーシャルワーク専門職は，人間の福利（ウェルビーイング）の増進を目指して，社会の変革を進め，人間関係における問題解決を図り，人々のエンパワーメントと解放を促していく．ソーシャルワークは，人間の行動と社会システムに関する理論を利用して，人びとがその環境と相互に影響し合う接点に介入する．人権と社会正義の原理は，ソー

シャルワークの拠り所とする基盤である．(IFSW；2000.7.)

　われわれは，ソーシャルワークの知識，技術の専門性と倫理性の維持，向上が専門職の職責であるだけでなく，サービス利用者は勿論，社会全体の利益に密接に関連していることを認識し，本綱領を制定してこれを遵守することを誓約する者により，専門職団体を組織する．

価値と原則
Ⅰ（人間の尊厳）　ソーシャルワーカーは，すべての人間を，出自，人種，性別，年齢，身体的精神的状況，宗教的文化的背景，社会的地位，経済状況等の違いにかかわらず，かけがえのない存在として尊重する．
Ⅱ（社会正義）　ソーシャルワーカーは，差別，貧困，抑圧，排除，暴力，環境破壊などの無い，自由，平等，共生に基づく社会正義の実現をめざす．
Ⅲ（貢　献）　ソーシャルワーカーは，人間の尊厳の尊重と社会正義の実現に貢献する．
Ⅳ（誠　実）　ソーシャルワーカーは，本倫理綱領に対して常に誠実である．
Ⅴ（専門的力量）　ソーシャルワーカーは，専門的力量を発揮し，その専門性を高める．

倫理基準
Ⅰ．利用者に対する倫理責任
　1．（利用者との関係）　ソーシャルワーカーは，利用者との専門的援助関係を最も大切にし，それを自己の利益のために利用しない．
　2．（利用者の利益の最優先）　ソーシャルワーカーは，業務の遂行に際して，利用者の利益を最優先に考える．
　3．（受　容）　ソーシャルワーカーは，自らの先入観や偏見を排し，利用者をあるがままに受容する．
　4．（説明責任）　ソーシャルワーカーは，利用者に必要な情報を適切な方法・わかりやすい表現を用いて提供し，利用者の意思を確認する．
　5．（利用者の自己決定の尊重）　ソーシャルワーカーは，利用者の自己決定を尊重し，利用者がその権利を十分に理解し，活用していけるように援助する．
　6．（利用者の意思決定能力への対応）　ソーシャルワーカーは，意思決定能力の不十分な利用者に対して，常に最善の方法を用いて利益と権利を擁護する．
　7．（プライバシーの尊重）　ソーシャルワーカーは，利用者のプライバシーを最大限に尊重し，関係者から情報を得る場合，その利用者から同意を得る．
　8．（秘密の保持）　ソーシャルワーカーは，利用者や関係者から情報を得る場合，業務上必要な範囲にとどめ，その秘密を保持する．秘密の保持は，業務を退いた後も同様とする．
　9．（記録の開示）　ソーシャルワーカーは，利用者から記録の開示の要求があった場合，本人に記録を開示する．
　10．（情報の共有）　ソーシャルワーカーは，利用者の援助のために利用者に関する情報を関係機関・関係職員と共有する場合，その秘密を保持するよう最善の方策を用い

る．
11. （性的差別，虐待の禁止）　ソーシャルワーカーは，利用者に対して，性別，性的指向等の違いから派生する差別やセクシュアル・ハラスメント，虐待をしない．
12. （権利侵害の防止）　ソーシャルワーカーは，利用者を擁護し，あらゆる権利侵害の発生を防止する．

II．実践現場における倫理責任
1．（最良の実践を行う責務）　ソーシャルワーカーは，実践現場において，最良の業務を遂行するために，自らの専門的知識・技術を惜しみなく発揮する．
2．（他の専門職等との連携・協働）　ソーシャルワーカーは，相互の専門性を尊重し，他の専門職等と連携・協働する．
3．（実践現場と綱領の遵守）　ソーシャルワーカーは，実践現場との間で倫理上のジレンマが生じるような場合，実践現場が本綱領の原則を尊重し，その基本精神を遵守するよう働きかける．
4．（業務改善の推進）　ソーシャルワーカーは，常に業務を点検し評価を行い，業務改善を推進する．

III．社会に対する倫理責任
1．（ソーシャル・インクルージョン）　ソーシャルワーカーは，人々をあらゆる差別，貧困，抑圧，排除，暴力，環境破壊などから守り，包含的な社会を目指すよう努める．
2．（社会への働きかけ）　ソーシャルワーカーは，社会に見られる不正義の改善と利用者の問題解決のため，利用者や他の専門職等と連帯し，効果的な方法により社会に働きかける．
3．（国際社会への働きかけ）　ソーシャルワーカーは，人権と社会正義に関する国際的問題を解決するため，全世界のソーシャルワーカーと連帯し，国際社会に働きかける．

IV．専門職としての倫理責任
1．（専門職の啓発）　ソーシャルワーカーは，利用者・他の専門職・市民に専門職としての実践を伝え社会的信用を高める．
2．（信用失墜行為の禁止）　ソーシャルワーカーは，その立場を利用した信用失墜行為を行わない．
3．（社会的信用の保持）　ソーシャルワーカーは，他のソーシャルワーカーが専門職業の社会的信用を損なうような場合，本人にその事実を知らせ，必要な対応を促す．
4．（専門職の擁護）　ソーシャルワーカーは，不当な批判を受けることがあれば，専門職として連帯し，その立場を擁護する．
5．（専門性の向上）　ソーシャルワーカーは，最良の実践を行うために，スーパービジョン，教育・研修に参加し，援助方法の改善と専門性の向上を図る．

6．（教育・訓練・管理における責務）　ソーシャルワーカーは教育・訓練・管理に携わる場合，相手の人権を尊重し，専門職としてのよりよい成長を促す．
7．（調査・研究）　ソーシャルワーカーは，すべての調査・研究過程で利用者の人権を尊重し，倫理性を確保する．

(2) 福祉専門職に求められる倫理

　近年，倫理綱領の策定に関しては，前述したようにさまざまな展開がみられるようになってきているが，それはそれだけ福祉専門職に専門性とともに倫理性が強く求められてきているということにほかならない．そして，その背景には，今日社会福祉の分野でも制度改革が進み，福祉サービスの提供も従来の公的機関や施設，社会福祉法人にとどまらず，民間企業などさまざま事業主体が参入する傾向にあることが大きな要因の一つになっていると考えられる．つまり，サービスの提供者側が多様化する中で，はじめにみた事例のように利用者の援助を第一に考えず，自己の利益や都合を優先してしまったりすることを防ぐことがより求められてきているということであろう．

　では，今日福祉専門職に求められる倫理とはどのようなものであろうか．その概要を倫理綱領の内容をもとに大まかにみてみる．まず，福祉専門職は事例にもみられたように，利用者との関係から倫理が問われるといえる．具体的には，前述したように利用者の利益を最優先にすることや利用者の個別性の尊重，受容，秘密保持などである．また，福祉専門職は自らが所属する組織との関係からも，倫理的なあり方が求められるといえ，利用者の利益を図るため，常に最善の業務を遂行するとともに，組織の業務や手続きの改善・向上を心がけることなどが必要である．さらに，社会との関係からは，利用者の問題解決に向け，専門職としてもつ知識や技術を行政や政策・計画などに反映させるように働きかけていったりすることが求められるほか，専門職としてのあり方からは，常に専門性の向上を図り，その業務内容などを社会に啓発していくこと，他の福祉専門職が専門職業としての声価を損なうようなことがあった場合には，それを注意するなど必要な対応を促すとともに，自らも専門職としての信用を失

墜するような行為を行わないようにすることなどが重要である．

　また，今回の日本社会福祉士会の最終案では，それらに加えて利用者との関係では利用者の自己決定の尊重や利用者に対する説明責任と意思確認，情報開示と利用者に関する情報の取り扱いのあり方，さらに今日的な問題としてのセクシャル・ハラスメントや虐待の禁止などがふれられ，組織や社会とのあり方においては，他の専門職との連携・協働の必要性や誰もが排除されない社会づくり（ソーシャル・インクルージョン）などがあげられており，そうしたことも福祉専門職の倫理として今日求められていることがわかる．

③　福祉専門職と専門的援助関係

《事例１》福祉系大学生の実習内容

　社会福祉士の受験資格取得のために，特別養護老人ホームに実習に行ったAさんは，利用者のBさん（女性）が幼少よりずっとかわいがってくれ，3年前に亡くなった祖母に非常に雰囲気が似ていた上，BさんもAさんを孫のように接してくれたこともあり，実習開始時から非常に親近感をもった．特に，Aさんは祖母が寝たきりになったときに，当時自分が大学受験の勉強などで精神的にゆとりがなかったこともあって，十分なお世話どころか話もしないまま祖母が亡くなったときのことと，今のBさんの様子が重なってみえてしまい，Bさんに会うと申し訳ないような何ともいえない気持ちになって，Bさんだけには祖母にできなかった分も含めて，なんとか喜んでもらおうとつい一生懸命になりすぎ，過剰な援助をしてしまいがちであった．

《事例２》福祉系大学生の実習内容

　児童養護施設で社会福祉士の受験資格取得のための実習に行ったCさん（男子学生）は，その施設の6歳の男子園児D君を含む小学校低学年のグループの担当となった．D君は3歳になる少し前に両親が離婚し，母親に引き取られたが，母親が軽い精神障害をもつとともに，病弱であったため施設入所になったということだった．母親は週に1回程度面会に来るが，父親とは離婚以来一度も会ったことがないようで，そのせいもあってか，D君は体の大きい男子学生が実習生として来ると，非常に甘えたがり，実習生からなかなか離れようとしなかったり，肩車やおんぶなどをねだってばかりいた．

本節では，福祉専門職と利用者との援助関係や援助者のあり方に焦点をあてる．具体的には，福祉専門職と利用者との関係の特徴や，事例の1や2のような現場で起きやすい現象や援助者としての福祉専門職の自己のあり方，それを知ることの意味や方法などについて学んでいく．

(1) 専門的援助関係とは

福祉専門職と利用者の関係は，どのような関係といえるであろうか．実習生は事例2のような状況を振り返るとき，「仲良くなった」というような表現を使うことがよくある．だが，はたして援助者である福祉専門職と利用者の関係は，そうした仲良くなることを求めた関係なのだろうか．そうではなく，援助者と利用者の関係はあくまでも，利用者の援助（自立支援）を目的とした関係（援助関係）であって，その援助関係の基盤には，仲良くということではなく，信頼関係の確立ということが求められるのである．

ところで，日常生活を振り返ってみると，友人との間や家族との間でなど，さまざまな人間関係の中でも援助が行われている．では，そうした一般的な人間関係にみられる援助関係と，ここでいう福祉専門職のような援助者と利用者における専門的な援助関係との相違は何であろうか．

まず，専門的な援助関係の方は，すでに述べたように利用者の自立という目的に向けた「意図的な働きかけ」であるのに対して，友人や家族間での援助関係は，友情や愛情などに基づき，自ずと助け合うといった「自発的・自然発生的な働きかけ」である．また，そのように前者の専門的援助関係は，意図的な働きかけであることからも，援助にあたっては，利用者のかかえる問題や目標を明らかにし，その問題解決や目標達成に必要な援助計画を立案・実施し，さらにその成果を評価するという一連の援助過程が展開されるとともに，その援助にかかる期間や方法，場合によっては金銭的な問題などについても話し合いがなされ，契約がされる．それに対して，後者の一般的な援助関係では，そうした契約的な話し合いがなされることはない．さらに，専門的な援助関係は，

友人や家族にみられる一般的な援助関係とは異なり，利用者がかかえるある問題の解決や目標達成までの「一過的（一時的）な関係」だということである．

　ただ，専門的な援助関係においても，一般的な援助関係においても，援助する側もされる側もお互いに同じ人間同士であり，その意味では両者の間には上下関係はなく，「対等な関係」であることは共通している．しかし，専門的な援助関係においては，その援助の過程において専門的な知識や技術の提供ということがなされるため，上下関係ではないが，その関係においては援助者が「専門的権威」を備えてしまうことは否定できない．もちろん，専門的な権威がすべてよくないということではなく，そうした権威が利用者に安心をもたらしたりするプラス面もあるのだが，利用者がその権威に依存してしまったり，何もいえなくなってしまったりというようなマイナスの影響を与えやすい部分をもっているといえ，そうした面は，一般的な援助関係とは異なり留意すべき点である．

(2) 専門的援助関係と自己覚知

　これまでみてきたように，専門的な援助関係はあくまでも利用者の自立を目指した意図的な働きかけであるが，場合によっては，はじめにみた事例1のように，必ずしもそうした働きかけができなくなってしまうことがある．事例1の場合は，援助者が利用者との関係の中で，無意識的に個人の欲求を満たそうとして起こす反応であり，「逆転移」と呼ばれるものである．このように，援助者がその利用者との関係において，個人の欲求を持ち込むことは，その指導者（スーパーバイザー）による助言・指導（スーパービジョン）などによって防がれなければならないが，それとともに援助者は専門的な援助関係の中で，自分がどのような価値観をもち，どのような心理的な反応や言動を示すのかなど，対人関係におけるありのままの自分を多面的によく知っておくこと（自己覚知）が求められる．というのも，そうした自己覚知によって，援助者は専門的援助関係における専門的統制（専門職としてかかわる中で，利用者に与える

マイナスな影響をコントロールすること）ができるようになるからである．

　だが，この自己覚知は，自分の外面的な理解とは異なって，鏡に映してみれば分かるというものではなく，なかなか理解しにくいものである．しかし，たとえば，自分がとりやすい，あるいは苦手な人間関係を理解しておくことや，これまでの生活体験や人間関係を振り返りながら，場合によっては心理テストなどを活用したりしながら，自分の価値観や言動について理解を深めておくことが大切である．特に，「他人は自分の鏡」といわれるように，他者の自分に対する反応をもとに，自分がどのように受け止められているのかを通して自己理解を深めることも，自分が気づきにくい部分の自己理解につながったりするので，重要である．

　なお，尾崎は自己覚知ではなく，「自己活用」という概念を示して，「専門家としての自分や自分の個性を援助関係の中で生かすために，援助者は自分を多面的に理解する必要がある」[1]と述べている．つまり，自己の理解を自己覚知のような専門的統制のための方法としてよりはむしろ，援助において活用するために必要なものと位置づけているのである．福祉専門職の援助の「道具」が，専門職自身であるということを考えると，このような，積極的な自己活用の視点をもつことも大切だといえる．

　最後に，参考までに，事例2のように利用者が援助者に対して無意識の欲求を実現させていくことを「転移」とよび，援助においてはそれを利用者との信頼関係づくりに活用していくことが可能である．

注・引用・参考文献

1）尾崎新『ケースワークの臨床技法―「援助関係」と「逆転移」の活用』誠信書房，1994年，p.164

〈参考文献〉
① 川喜田愛郎『医学概論』真興交易医学出版部，1982年
② 川島みどり編『看護学のすすめ』筑摩書房，1985年
③ 日野原重明・阿部志郎監修『クオリティ・オブ・ライフのための医療と福祉』

小林出版，1994 年
④　C. S. レヴィ著（小松源助訳）『ソーシャルワーク倫理指針』勁草書房，1994年
⑤　F. リーマー著（秋山智久監訳）『ソーシャルワークの価値と倫理』中央法規，2001 年
⑥　古川孝順・岩崎晋也・稲沢公一・児島亜紀子『援助するということ』有斐閣，2002 年
⑦　奥田いさよ『社会福祉専門職性の研究』川島書店，1992 年
⑧　日本社会福祉士会倫理委員会「『ソーシャルワーカーの倫理綱領』改訂試案詳細解説」2003 年 7 月

■|■　　　　　　　　学びを深めるために　　　　　　　　■|■

①　ゾフィア・T・ブトゥリム著（川田誉音訳）『ソーシャルワークとは何か―その機能と本質―』川島書店，1986 年
　　ソーシャルワークのアイデンティティや価値基盤，実践モデルや援助過程など，ソーシャルワークの本質やその機能，さらに社会構造上の問題や課題を理解するのに役立つ．
②　木原活信『対人援助の福祉エートス』ミネルヴァ書房，2003 年
　　ソーシャルワークの根本問題ともいえる対人援助におけるスピリチュアリティ（精神性），エートスなどについて，正面から取り上げ論じた本．日本と北欧のソーシャルワークの思想の相違についても理解できる．
☞　現場の福祉専門職の業務内容を実際に調べてみるとともに，その役割や機能について，自分の言葉で述べてみよう．
☞　倫理綱領を読み，専門職が守らなければならないことについて，具体例を挙げてみよう．

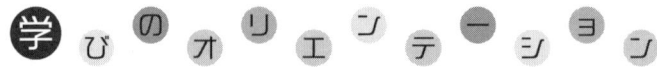

業務独占と名称独占

　1987年にわが国の社会福祉の分野における初の国家資格として誕生した「社会福祉士」と「介護福祉士」は，名称独占の資格であるといわれる．それは，それらの根拠法である「社会福祉士及び介護福祉士法」第48条によれば，「社会福祉士でない者は，社会福祉士という名称を使用してはならない．」「介護福祉士でない者は，介護福祉士という名称を使用してはならない．」と規定されていることによる．

　この名称独占の資格の意味は，医師や弁護士のような業務独占の資格のように，その資格を持っていなければ，その業務に携われないということではなく，その資格を持っていなければ，その資格の名称を名乗ってはならない資格だということである．言い方をかえれば，未資格者であっても，社会福祉士や介護福祉士が携わっている業務を行うことはできるということである．

　このように，名称独占は業務を行う上では，排他的な規制をもたないものであるが，同法第53条第3項において，上述の第48条の規定，すなわち名称使用に関する規定に違反した場合には，30万円以下の罰金刑に処せられることになっている．

　なお，1997年に制定した精神保健福祉士も同様に名称独占の資格である．

北本佳子

第2章
社会福祉援助技術の歴史的展開

社会福祉援助技術の源流

《事例》福祉系大学生の授業後の会話
学生のAさんとBさんが話している．
A「ソーシャルワーカーという職名をよく聞くけど，横文字だから日本で生まれたのでないことはわかるけど，いったい，いつ，どこで誕生したのだろう」
B「福祉が進んでいるスウェーデンとか北欧ではないかな」
A「昔のソーシャルワーカーと今日のソーシャルワーカーは同じような仕事をしているのだろうか」
B「そうだね．昔はどのようなケースがあったのか知りたいね」
A「福祉事務所にはケースワーカーがいて，YMCAのキャンプではグループワーカーが活躍している．どちらもソーシャルワーカーということだけれど，どのような関係になっているんだろう」
B「歴史をさかのぼれば，そのあたりのことがはっきりするかもね」

　ソーシャルワーカーという職業が，人びとから認められ，社会のなかでその地位を占めるようになったのは，1920年代のアメリカにおいてであった．それ以後，ソーシャルワーカーの活動領域は拡大し，援助方法の科学化・洗練化がはかられた．現在では世界各国でソーシャルワーカー団体が結成され，社会のなかで重要な地位を占めるようになってきている．本章では，社会福祉援助技術（ソーシャルワーク）の典型的な発展がみられたイギリス，アメリカの例を取り上げ，その源流・成立・展開の歴史的展開を，当時の事例や記録をみながら追っていくことにする．

　イギリスは世界で最初に産業革命が起こった国である．19世紀末の産業革命後のイギリスの社会では，貧富の差の増大，人口の都市への流入，厳しい労働条件のもとでの病気と貧困，都市におけるスラムの発生，犯罪や非行の増加など，多くの社会問題が生じていた．イギリスでは，1601年成立のエリザベス救貧法を1834年に改正したが，その目的は社会秩序の維持にあり，劣等処遇の原則や労働の強制など旧法の原則と変わらず，貧困問題は公的な救貧事業

のみでは対応できないほど深刻化していた．このような時代背景があって，慈善・博愛も個人的対応から組織化して，慈善事業・博愛事業となり，人道主義的な社会改良思想と結びついて民間の社会福祉活動が発達することになった．ソーシャルワークの源流は，19世紀後半にイギリスのロンドンで始まった慈善組織協会（Charity Organisation Society, COS）の活動やセツルメント運動にある．まず最初に慈善組織協会（以下，COS）の活動についてみていく．

　COSとは，近代的な社会サービス機関の最も重要なさきがけであり，私的に運営され博愛動機によって資金が提供された組織である．最初のCOSは1869年にロンドンで設立された．当時のロンドンでは多くの民間の慈善団体が貧困者に対して，救済の事業を展開していた．しかし，ある家族に対して，複数の団体がかかわり，重複した援助を行っていたり（濫救），援助の必要があるにもかかわらず，いずれの団体からの援助を受けていない家族がいたり（漏救）したので，それらの団体の活動を調整する必要性が増していた．COSは，地域社会のなかで活動するあらゆる慈善団体の情報交換機関として機能した．COSは，救済申請者の登録簿や，彼らに与えられる援助についての詳細な記録を保管し，適切な救済を与える機関にたいして，「援助可能な」，もしくは「価値のある」貧民を送致した．つぎにあげるのは，COSが設立されてから8年後の1877年地区委員会の事例であり，調査の結果の対応は，却下・紹介・援助の3種類に分かれている[1]．

《事例1》 却下ケース（COS）
　夫婦と3子の世帯．年少の2子の通学服を申請，調査の結果，長子はアイロン工として相当の賃金を稼いでおり，世帯の収入は過去3か月間，週31シリングであるが，夫婦ともパブに行きつけている．彼らが酒をやめ，勤勉になれば，相当の稼ぎが得られる筈である．（セントジェームズ，ウェストミンスター）

《事例2》 紹介ケース（COS）
　37歳の寡婦で，牧師から地区委員会に紹介された．4子（9歳，8歳，6歳，3

歳)のいずれかが，施設に入れないかと申請．夫と子どものひとりが天然痘で2か月前に死亡．申請者は家賃の滞納もなく，質入れもせず，いかなる救済も受けていなかった．彼女の雇主と友人によって彼女の申立は真実であり，「その性格も善良」であることが立証された．学齢児は，きちんと進学しており，家庭内もきちんとしていた．申請者の同意を得て，地区委員会は救貧委員会にケースを紹介し，3人の子どもを地区学校に入れた．

《事例3》援助ケース（COS）
　子どものためにオーモンド小児病院に紹介状を発行する前に，通常のききとり調査で，夫は，洋服仕立工で親指をいため失業中，妻もひどい病気で病臥中であること，病気の子の他に4子がいることがわかった．地区委員が訪問調査を行ったところ，「性格に関する質問では満足すべき答が得られた」妻のために質物を受け出すための援助を行い，適切な栄養物を与えた．医師のすすめで，病気の子は5か月間保養所に入所させた．この子は健康を回復して帰宅した．（セント・パンクラス南部）

　地区委員が申請のあった家庭を訪問し，経済状態，健康状態，生活態度などを詳細に調査していることがわかる．援助を与えるに値する「価値のある」貧民か，「価値のない」貧民であるかを決定するときには，生活態度，性格などの道徳的な側面が重視された．
　一方，セツルメント運動は，1884年ロンドンのイーストエンド地区にサミュエル・バーネットによってトインビー・ホールが設立されたことに始まる．セツルメントとは，「定住」を意味し，中・上流階級に属するレジデント（セツラーともいう）が大都市の貧困地区に住み込み，地区の生活状況の改善に取り組むことである．1884年にセツルメント協会はセツルメント運動の目的をつぎのように述べている．(a) ロンドンやその他の大都市の貧困地区の人びとのために，教育とレクリエーションや娯楽の手段を提供すること．貧困の状態を調査し，貧民の福祉を促進するための計画を立案し進展させること．(b) 博愛事業または教育活動に従事したり，あるいは関係するレジデントのために，購入または別の方法で家（ハウス）を獲得し維持すること．トインビー・ホールが設立されたロンドンのイーストエンド地区とは文字通りロンドン

の東の端にあり，移民や日雇い労働者が住む貧困地区であった．サミュエル・バーネットは，ロンドンのイースト・エンドの問題に取り組む方式として，キリスト教の使命に基づく組織には満足しなかった．彼は定住するだけではなく，経験をともに分かち合うこと，ふれあうだけでなく，共同体の形を望んだ．彼はつぎのように述べている．「それが無意識に起こるとき，一致の心はより長続きする．そして，すべての準備ができ，決意は与えられた．イースト・エンドに大きな家が見つかった．指導者たちは，そこへ任命され，大学によって維持され，彼らのまわりには卒業生や学生が集まるであろう．彼らは，家族として住む家を作り，教会だけでなく，いろいろな慈善機関，クラブ，社会生活のセンター，地方自治体と関連しているすべての団体と接触を持つであろう．セツラーたちは，隣人と親しくなることから始めなければならない．パーティはたびたび開かれ，その形態は何であれ娯楽が提供される．本や絵，講義や読書，ダンス，音楽．ゲストは彼らの楽しみが交際にあることに気づくであろう．その間，先輩のセツラーたちは，教区委員と貧民救済委員として公的な職務を引き受ける」[2)]

　サミュエル・バーネットの呼びかけに応じたオックスフォードやケンブリッジの大学人など設立当初のレジデントたちが，移民の生活実態に密着して，その生活のニーズに応じた活動を作り上げていった．その活動は，チャールズ・ブースのロンドン市民の貧困調査への参加，「煙草会議」とよばれる労働者たちの集団討議への参加，移民の生活と労働を支える語学教育など成人教育の実施，母親たちの協同による保育所の運営，遊び場づくりとリーダーとしての活動，貧困児童の遠足活動，法律相談や市民相談所での活動，その他，文化的なクラブや集会など多方面にわたっていた．

　イギリスで始まったセツルメント運動は，数年後にはアメリカに広まり，やがて日本でもセツルメント運動が始まった．アメリカで最初のセツルメント・ハウスは，1886年にニューヨーク市のイースト・エンドにスタントン・コイトの指導のもとに創設された近隣ギルド（The Neighborhood Guild）である．バ

ーネットに会い大きな影響を受けたジェーン・アダムス（Jane Addams）は1889年シカゴのスラム街にハル・ハウスを創設し，その後多くのセツルメントのモデルとなった．セツルメントの思想は，熱烈に受け入れられ，コイトが近隣ギルドを組織してから15年後には，アメリカ全土に，約100か所のセツルメント・ハウスが設置されていた．

　アメリカ最初のCOSは，1877年ニューヨーク州バッファローで設立され，その後すぐに東部のほとんどの大都市に同様の組織が作られた．協会のスタッフはボランティアからなり，その仕事を遂行していくうえで中心となったのは友愛訪問員（friendly visitors）であった．友愛訪問員の多くは女性で，中・上流階級に属していた．その役割は「施しではなく友人」であり，家庭を訪問して調査，助言，教育を行い，友情と道徳的な説得によって，貧しい人びとの生活条件や性格を改善することを期待されていた．

　COSは，情報の調整，申請者の登録，友愛訪問員の活動を通じて，貧困者への救済を提供する組織的な方法を発展させることを目指していた．しかし，この慈善に対する「科学的」な方法の基礎となっているのは，貧困者は自らの道徳心の欠如によって貧困に陥ったとの考えである．COSの初期の指導者は，貧困の問題を依存の問題に置き換えて，そのことにより貧困を個人の性格の短所に結びつけ，貧困者の人格の更正をとおしてそれがもっとも適切に改善されると考えた．慈善の救済が提供されるのは，絶対的に必要で，貧困者が自らの環境を変えることに責任をもたせることが可能な場合だけであった．しかし，道徳的な堕落が，貧困や救済を必要とすることの原因であることはほとんどなく，むしろその原因は，不慮の事故，不健康，低賃金，失業，家族の所得稼得者の若死などによるものであった．

　COSは，貧困者に直接的なサービスを提供し，社会問題に対処しようとするコミュニティの活動を調整した．COSの友愛訪問員が次第に専門職業化するにつれて，彼女らはソーシャルワーカーと呼ばれるようになった．友愛訪問

モデルは，ソーシャルワークが専門職業となり，貧困は社会条件と環境条件に深く関連しているという認識が生まれるにつれて，道徳的な色合いが濃すぎることもあり，1900年以降衰えていった．1910年から1920年の10年間に，訓練を受けた有給のソーシャルワーカーによって実施される新しい活動が，友愛訪問員に取って代わった．

② 社会福祉援助技術の確立

　セツルメント・ハウスのレジデントやCOSの友愛訪問員は，中・上流階級に属するボランティアであり，その多くは女性であった．活動が次第に活発になるにつれて，専任の職員が置かれるようになり，新しく入ってくるボランティアの教育・訓練にあたるようになった．COSの活動は道徳的な色彩が強いものであったが，やがて当時の社会科学の知識を活動のなかに採り入れた「科学的な慈善」を目指すようになった．そのため現場の職員を対象とした組織的な教育の必要性が高まってきた．

　アメリカのソーシャルワーク教育は1898年ニューヨークで現場職員を対象とした夏季学校が発端といわれる．それはメアリー・リッチモンド（Mary Richmond）が1897年の全国慈善・矯正会議で専門教育機関設立の必要性を強く訴えた講演をした翌年である．リッチモンドは，この講演のなかで，慈善事業の専門性と専門教育との関係を説き，慈善事業の現場は幅広い専門教育を受けた若者を必要としており，そういった人材を養成するには，大学と関連をもち，2年を期間とする養成所を作るべきであるといっている．さらにカリキュラムは，アカデミックになり過ぎず，あくまでも実践を中心とし，実習および現場専門職員による講義がなされるべきであるとも，警告している．[3] ニューヨークの夏季学校の期間は6週間であり，受講生は大学卒業生で教授の推薦する者および慈善博愛事業の実務経験者であった．その教育内容はつぎのようなものであった．[4]

6週間という講習期間の最初の3週間は，要保護世帯の居宅保護が共通テーマであり，世帯の実情をいかにして把握するか，節約の教え方等を含む13講座があり，夜のニューヨーク市の貧民街その他2カ所の見学が行われている．第4週は，要保護児童の保護を主題とし，捨て子病院その他の児童収容施設7カ所を見学している．第5週には，施療病院，市営低家賃住宅10施設の見学（そのうちの数施設では講義をきく）が行われている．最後の第6週は，「建設的社会運動」―「地区改善運動」が主題とされた．

その後夏季学校は，1904年に養成期間を1年に延ばして，ニューヨーク慈善事業学校と改名した．さらに年を経て，学校はコロンビア大学の2年間の修士課程に組み入れられることになった．

ソーシャルワークの主要な方法の一つである個別援助技術（ソーシャル・ケースワーク）を確立したのは，メアリー・リッチモンドである．彼女は，その主著『社会診断』（*Social Diagnosis*, 1917年）において，ケースワークの原理，方法を体系づけた．彼女はソーシャル・ケースワークを「人間と社会環境との間を個別に，意識的に調整することを通してパーソナリティを発達させる諸過程からなり立っている」と定義した．そして，「現になされているソーシャル・ケースワーク」としてつぎのケースを示している[5]．

《事例》マリア・ビエロフスキーの事例

マリア・ビエロフスキーは，15歳になったばかりのときに工場に働きに出た．彼女は，自分の賃金から家に入れる分について，また夜遅くまで外に出ているという自分の癖について継母とたびたび口論したあと，家を出て，下宿屋や安ホテルで生活を始めた．彼女はそのような下宿屋の一軒から数ドル盗んだということで，裁判所に連れてこられた．マリアは有罪とみなされた．

ビエロフスキー一家は，5年前に父とその2番目の妻と4人の子どもとで，ポーランドからやって来た．しかし，父は到着後3年にして死亡し，英語はわずかな単語しか話せなかった継母は，善良な女性ではあったが，子どもたちを統制する力をまるで失ってしまっているようだった．成人した2人の息子は家を出ており，弟は矯正施設に入っていた．

保護観察官は，小さな民間協会の援助を求めた．その協会は，欠陥をもっていないが扱いにくい少女たちのために，ケースワーカーからなる職員と学校をもってい

る．マリアがその学校に入って2，3か月経った後で，本人，家族と裁判所の賛成をえて，協会のケースワーカーのひとりが彼女の後見人となった．

後見人となったケースワーカーはマリアに対してつぎのような援助を行った．治療の比較的初期においては，マリアの身体的状態に慎重な注意が払われた．頭皮がきれいにされ，歯も手入れされた．感染源のわからない梅毒の徴候があることがわかったので，病院の治療を受けるため彼女を定期的に街へ連れていった．鼻と喉の悪いところも同じ病院で治療した．

マリアがアメリカの標準的な家庭生活にはじめて触れたのは，生徒数がわずか20人足らずのこの協会の小さな学校においてであった．この学校で，彼女は自分の身体を清潔にする習慣，自分の部屋の管理，衣服のつくろいや洗濯，料理，それに他人の私物を尊重することなどについて懇切な訓練を受けた．

在学8か月で第8学年を卒業したマリアを，避暑地に滞在するある家族に母親のヘルパーとして送った．夏毎に，ワーカーは彼女のために田舎で職場を見つけ，毎年，長期休暇を準備した．保護観察下にある4年の間に，彼女は5つのそれぞれ異なる家族で働いた．

ワーカーは，マリアの向上に最も重大な影響を与え続けた．マリアが面倒を起こしている時も，ワーカーは，彼女が引き起こしたトラブルと，彼女が現在ではなくかつて犯した本物の非行とを区別した．ワーカーは，少女の自尊心と向上心とに，これらの資質を刺激するように絶えず訴えた．このような保護の下で，マリアの行動と性格は着実に改善されてきた．

リッチモンドはケースワーカーの専門的な行為を「心から心へと働きかける直接的な活動」と「社会環境を通じて働きかける間接的活動」とに区分した．このケースでは，ケースワーカーがマリアを長期間にわたって見守り，必要なときには教育的な指導を行い，また，パーソナリティを発達させるために，適切な社会環境を用意したことがわかる．

第1次世界大戦の前には，リッチモンドの環境を志向する実践はこの分野のソーシャルワーカーのニーズの多くに合致した．しかし，その時点でも貧しい家族の問題の多くは，ワーカーがほとんど解決できない感情的な後遺症を伴っていた．戦後徐々に，心理学的な用語で説明されるようになった問題に直面して，ワーカーは心理的な処遇に関する知識と技能を熱望するようになった．

1915年のソーシャルワーカーの大会において，ドイツの専門職業モデルを

アメリカ医学に導入することに功績のあったフレックスナーは，ソーシャルワーカーに対して「あなたがたは専門職業の特質に欠けている」とし，ソーシャルワークを専門職業としては発展途上であるとした．彼の演説を聞いたソーシャルワーカーは，その後長い期間にわたり，ソーシャルワークを専門職業とするために相当な努力を払うことになった．

1919年までには，少なくとも東北部とソーシャルワーク全国会議の参加者のあいだでは，ソーシャルワークと精神医学，とくにジークムント・フロイト (Sigmund Freud) の精神分析との関係に強い関心がもたれるようになった．また，戦争中，赤十字ホームサービスのソーシャルワーカーは，「貧困線より上の」軍人とその家族とかかわるはじめての経験をした．戦後期には，ソーシャル・ケースワークは，一般病院，精神病院，児童相談クリニックといった新しい機関の場にひろがっていった．

③ 社会福祉援助技術の発展

ソーシャルワーカーの間でフロイト理論への関心が高まってきたこと，また大学においてソーシャルワーカーの養成がなされ，学問的な発展があったことなどによって，ソーシャルワークの学派が形作られるようになった．1920年代後半から30年代にかけて，アメリカにおいて，診断学派 (diagnostic school) と機能学派 (functional school) が形成された．

診断学派は，メアリー・リッチモンドの流れをくみ，問題の原因の探求とその解決を，調査―診断―治療という医学モデルに基づいて行う．学派の名称はそこから付けられたが，この学派に属する人びとは，自らの方法を心理社会的アプローチとよぶ．その基礎的な理論と技法は，フロイトの精神分析から強い影響を受けている．この学派は，ニューヨーク・ソーシャルワーク学校（現在のコロンビア大学大学院）のソーシャルワーカーを中心に形成され，ゴードン・ハミルトン (Gordon Hamilton)，フローレンス・ホリス (Florence Hollis) が

その代表的な論者である．ハミルトンは「環境の中の人間」（人と環境との全体関連性）の視点を提示し，その後のソーシャルワークの理論に決定的な影響を与え，1960年代まで個別援助技術の主流の理論となった．ハミルトンは処遇（treatment）を，(a) 具体的サービスの管理，(b) 環境の操作，(c) 直接的処遇法の3つに分類した．直接的処遇法とは，「情緒的平衡を保ち，建設的な決定を行ない，成長と変化を遂げるのに役立つような態度」を導き出し，強化する目的で行われる一連の面接を意味している．つぎにハミルトンが示したケースの実際をみてみよう．[6]

《事例》ニッキーの事例

　この家族の収入は週に12ドルで，それを17歳になる息子が，4人の家族のために稼いでいる．父親は，最近流刑になった．母親は慢性の多発性関節炎で，ほとんどまったく動けない状態である．13歳になる女の子が料理や家のことの大部分をやっている．7歳になるニッキーは，母親のお気に入りではなく，母親は彼にほとんど愛情を示さない．ニッキーは，学校で友だちをいじめたり打ったりし，家では姉とけんかし，家中の物をこわしたりする．この家の子どもたちの身体検査の結果は，体重が不足し栄養不良であった．母親は，いつもニッキーに対して，従順な行動の模範として上の子どもたちのことを例にあげる．

　診断的説明．ニッキーは栄養不良で，冷淡な扱いを受けており，攻撃的行動を示している．これは部分的には，彼が望まれない子どもとして母親から拒否されていることから起こっているものであり，それが今，父親がいなくなったことにともなう喪失感の累積によって，とくに目立っている．家庭の事情は，母親の児童養育と家政の機能が損なわれていることと相まって，全般的にみて経済的困窮の状態にある．ニッキーが姉に対して示す怒りは，彼女が家のことをやってくれるからというので，母親が彼女のことをはっきり是認しているからだと説明することができよう．上の2人の良い子どもは，今母親と同じ側に立ってニッキーに対抗しており，ニッキーだけが悪者にされている．

　さらにその後の調査によって，ニッキーに数かずの恐怖や，その他の症状の証拠が発見されたとすれば，診断的説明に「神経症的不安」を加えることができるかもしれない．こういった描写は，顧問の精神科医の援助を受けて検討され，子どもと家庭の両者を含む処置の計画が立てられることになるであろう．もしこの家族が，経済扶助を受けるべく紹介されたものだとすれば，調査は，当初の段階で，もっと

経済的な受給資格にかかわる資料，居住条件等に重点がおかれ，その結果下される診断は，その目的に焦点がおかれることになるであろう．

　診断学派が洗練させた実際の技法の中心は，直接的処遇法であり，心理的な志向の強いものであった．具体的サービスの管理，環境の操作といった社会的な側面の実践はあまり重要視されなかった．
　一方，機能学派は，フィラデルフィアのペンシルバニア・ソーシャルワーク学校（現在のペンシルバニア大学大学院）の教員であったジェシィ・タフト（Jessie Taft）とバージニア・ロビンソン（Virginia Robinson）を中心として形成された．オットー・ランク（Otto Rank）の意志療法と意志心理学を基礎とし，フロイトの精神分析を否定した．クライエントとの面接における現在の経験の活用，時間制限のある短期間の治療の有効性を主張した．タフトは，心理療法や公的扶助とは異なる個別援助技術独自の特徴を「社会機関の方針，構造，手続きのなかに表現されている機能（function）を活用する」ことであるとした．学派の名称はタフトのこの考えに由来している．また彼女はケースワークを初期・中期・終結期から成る援助過程であるととらえた．
　タフトが1933年に出版した『統制された関係における心理療法の力動性』のなかに，彼女自ら行った2つの事例の記録がある．第1の事例は，学校や家庭で物を壊すなどの攻撃的行動が目立つ7歳の女子，ヘレンである．面接は合計16回，期間は2か月にわたっている．第2の事例は，現在里親に預けられており，ふたたび別の里親に委託されようとしている7歳の男子，ジャックである．面接は合計31回，3か月である．これらの面接は，時間の要因をきわめて重視している．面接時間は毎回きっちりと決められており，もしクライエントが遅れてやってきても，その分だけ時間が延長されることはない．またクライエントの面接を延長しようと試みても，ワーカーはそれを拒絶する．面接の曜日は状況に応じて変更されるが，そこにはワーカーの意識的な統制が働いている．そしてワーカーは，クライエントがすでに面接を終える準備ができて

いると判断した段階で，終結が終わりに近づいていることを示し，クライエントがそれを自ら選択することを待つ．このような過程を通じて，クライエントは「自己，生活，制限された時間を受け入れる」ことを学ぶ．家族状況は調査されているが，クライエントからそれを引き出す努力はされない．ワーカーとの遊びや会話によって，クライエントが援助関係において「いまここで」という現在の状況を経験することが促進される．

　当時の主流であった診断学派に対して，機能学派はアンチテーゼの役割を果たし，約20年間にわたり両学派間で論争が行われた．その後のヘレン・ハリス・パールマン（Helen Harris Perlman）の問題解決アプローチでは，両学派の特徴が折衷的に採り入れられている．また機能学派の短期の処遇モデルは，課題中心アプローチの先駆形態となった．

　診断学派と機能学派に共通する特徴としては，社会的な側面よりも心理的な側面に重点が置かれていることがある．理論と実践における社会的なものと心理的なものとの統合は，その後の課題として残された．

　集団援助技術（グループワーク）は，19世紀のイギリスおよびアメリカのセツルメント運動やYMCAなどの青少年団体運動を源流とするものである．その後，成人教育運動，レクリエーション運動などの影響を受けながら発展し，1930年代の後半に，教育的な伝統が形成された[7]．次の記録は，ジゼラ・コノプカが矯正施設にいる15歳と16歳の女性たちと行った，第1回目のグループ討議の抜粋である[8]．

《事例》　矯正施設でのグループ討議
　この集会でははじめに人種問題について話し合われ，差別は間違っているという点で意見が一致した．話はつぎに殺人という問題に移っていった．
アンナ　何が正しいかを知ることはむずかしいことよね．殺人ってことは，何も間違ったこととは思わないわ．誰かがあたしに傷を負わせた場合，相手を殺しても間違っていることではないわ．

[このことばには，活発な反応があった．セシルを除いた全部のメンバーは賛成した．セシルだけは，このときはじめて口を開いて，このアンナの発言に反対した]
ルース　そうよ，あたしだって，腹を立てるわ．人が間違ってるときは，殺しちゃうだろうと思うわ．
グループワーカー（GW）　ユダヤ人と精神病患者と身体障害者は，価値がないから殺すべきだといっていたナチの下で暮らしたことが，私にはあったのよ．このことをあなたたちは，どう思う？
アンナ　でも，誰も好きで身体障害者になっているわけではないわ．それを殺しちゃいけないわ．
GW　そうね，あなたはそういうけど，彼らは殺人をいいことだと思って，ものすごくたくさんの人を殺したのよ．あなたたちはどう考える？
アンナ　（かなり自己をとり戻して，大変に思慮深そうにして）ええと，正しいからっていったって，すぐ殺しちゃあいけないわ．けど，誰かがあたしのお父さんを殺したとしたら，その人を殺す権利をあたしは持ってるわよね．（フリーダはうなずいたが，話し始めはしなかった）
GW　そうね，もう少しじっくり，そのことを考えましょうね．

　これは矯正施設にいる女性たちの倫理観や価値観との苦闘の例である．グループワーカーは，女性たちが人種問題や差別，殺人などのテーマについて自ら考えるようになるのを援助している．
　1966年にパーペルとロスマンは，その当時において集団援助技術に3つのモデルが存在することを明らかにした．[9] 3つのモデルとは，①社会的目標モデル（social goals model），②治療モデル（remedial model），③相互作用モデル（reciprocal model）である．
　①社会的目標モデルは，専門的な集団援助実践の初期の伝統に起源をもっている．このモデルの基本概念は，「社会意識」と「社会的責任」であり，集団援助技術の機能は，見識のある，熟達している市民からなるより広範な基盤を作り出すことである．このモデルは，あらゆる集団に，社会変革に影響を及ぼしていく潜在的可能性をもっているものとしてアプローチする．プログラムの展開は，社会的活動が結果として生み出されることを期待しながら，集団の内部にあるこの強みを顕在化していく方向に向けられる．このモデルは，集団

の外的環境をとり扱うために，機関や地域社会との関係で集団を活発化することを意図した多くの原則を生みだしてきた．機関の方針の明確化，限界の積極的な利用，機関の目標との同一化，集団的活動にとって適切な論点の決定，および活動とその結果のための選択肢の比較秤量などは，このモデルが依拠してきた，よく知られている原則である．

　②治療モデルは，個人の治療を集団援助技術の中心の機能とする．クライエントはある種の社会的な不適応ないしは欠損で悩んでいる個人とみなされている．この意味で，治療モデルは，社会生活機能を遂行できないでいる個人がそのより望ましい状態を達成するよう援助していくことに焦点をあてた臨床モデルである．このモデルを体系化したのは，ロバート・ヴィンター（Robert D. Vinter）である．ワーカーは，問題解決アプローチを用い，そしてその活動を調査，診断，治療という伝統に基づいて継続的な段階に分けている．ワーカーは，指示的であることを特徴にし，そして臨床的に卓越し，権威をもっているという立場をとる．このモデルの中心となる概念は「治療目標」である．実践原則として，「クライエント集団のそれぞれのメンバーに対して特有の治療目標が設定されなければならない」「ワーカーは，個々のメンバーのために設定されたそれぞれの治療目標と何ら矛盾しない集団目標を明示するよう試みる」ことなどがある．

　③相互作用モデルは，個人と社会との間に有機的・組織的な関係があることを前提にしている．その相互依存は，両者にとって不可欠な「共生的なもの」であり，危機とストレスに陥りやすい．その相互依存がソーシャルワークの「焦点」であり，そして小集団は個人としての機能の遂行と社会としての機能の遂行を育成し，調停していくことができる領域である．このモデルを体系化したのは，ウィリアム・シュワルツ（William Schwartz）である．相互作用モデルのもっともきわだった概念は「相互援助システム」（mutual aid system）である．そのようなシステムは，集団が解決しなければならない特定の問題に左右されることなく，問題解決のために必要不可欠な条件なのである．このモデ

ルでは，個人は主として，相互関係に対する動機づけや能力という観点からとらえられる．このモデルによって画き出されるワーカー像は，集団に集まってくるニード・システムに対して調停していく，あるいは側面的に力添えしていく者といったイメージである．このモデルの顕著な貢献は相互扶助システムを，それから発展してきた専門的介入によって構成したことである．過去において，「メンバー自身がお互いに助け合うよう援助する」と漠然と言われてきていたことが，理論的により高い水準で説明できるようになった．

それまでのソーシャルワーカーは，ワーカーが用いる方法やワーカーが働く分野や機関によって，個別的に（スペシフィック）に専門職団体を形成してきた．すなわち，医療ソーシャルワーカー協会（1918年結成），学校ソーシャルワーカー協会（1919年），アメリカ・ソーシャルワーカー協会（1921年），アメリカ精神医学ソーシャルワーカー協会（1926年），およびアメリカ・グループワーカー協会（1946年）の5つの専門職団体とコミュニティ・オーガニゼーション研究協会（1946年）と社会福祉調査グループ（1949年）の2つの研究団体である．1955年にこれらの専門職団体と研究団体が大同団結して，単一の専門職団体である全米ソーシャルワーカー協会（NASW）が結成された．これによって，ソーシャルワーカーは分野や方法の区別によらず，すべて同じソーシャルワーカーとしてのアイデンティティを確立する基盤ができた．

NASWは1958年に，ソーシャルワークの共通基盤の確立にむけて，「ソーシャルワーク実践の作業定義」を発表した．そこではソーシャルワークの構成要素を，価値，目的，権限の委任，知識，方法とし，それぞれの要素の特質を明らかにした．一方バートレット（Harriett M. Bartlett）は，1970年の著作においてソーシャルワークの共通基盤の概念的な枠組みを明確にしようとした．バートレットは，ソーシャルワーク実践の要素を価値，知識，介入活動の3つとし，介入活動は価値と知識から導かれるものとした．

④ 社会福祉援助技術の統合化と新展開

　アメリカの1960年代は多くの社会問題が噴出した激動の時代であった．貧困はなくなっていないこと，国の富は公平に分配されていないこと，子どもは公平な教育を受けていないこと，すべての市民に対する社会正義がいまだに達成されていないこと，これらのことが次第に明らかになってきた．ケネディ大統領や，黒人運動の指導者のマーティン・ルーサー・キング牧師の暗殺，ベトナム戦争の長期化，都市での暴動などが起こった．黒人は不平等な地位や社会正義の欠如に関して，不満をつのらせ，公民権運動がわきおこった．

　ケネディとそれに続くジョンソン政権とのあいだに，貧困の再発見があった．生活保護の受給者が増加しており，物資の豊富な国において貧困が持続していることが明らかになった．1959年の貧困線所得（都市の4人家族では，4,540ドル）以下の人数は，約3,950万人であり，白人家庭全体の18％，黒人家庭全体の57％が貧困と認定された．[10] ジョンソン大統領は1964年3月の議会への教書において「国の強さと人びとの福祉を脅かす内なる敵」への戦争（貧困戦争）を宣言した．そして経済機会法において，農業地域や都市の貧困と戦うための諸計画が定められた．

　1960年代になって，都市コミュニティ，貧困，差別へと関心が移るにつれ，社会変革につながらない心理療法的機能を強調する個別援助技術が非難されるようになる．何人かの評論家は，個別援助技術は効果もなく，援助を求めてきた者になんの影響もおよぼさない，と断言した．証拠として彼らは，『職業高校の少女たち』といった調査研究の結果を引用し，伝統的なケースワーク・アプローチがその介入によってクライエントに有意な変化をもたらしたという確固たる証拠はない，と示唆した．社会福祉援助技術は貧困者と関わる能力に欠けている，と非難する人たちもいた．また多くの人たちが，社会福祉援助技術は厳密には中流階級の人びとに適したサービス形態であり，中流階級のワーカーによって実践され，中流階級のクライエントに対してのみ効果的である，と

考えていた．

　1960年代の社会運動に巻き込まれた多くのソーシャルワーカーは，個別援助技術に対する批判を受け入れて，社会悪を是正するために，とくにコミュニティ・オーガニゼーションやコミュニティ開発といった他の実践モデルに着目した．1960年代の「新しい社会福祉援助技術」において，個別援助技術は拒絶され，その代わりにクライエントのニーズよりはむしろ権利を意識した，社会の変革をめざしたアプローチが採用された．消費者の参加，コミュニティの組織化，権利擁護，仲介を強調する実践は，環境や社会的要因を重視する立場にたっていた．

　1960年代に社会福祉援助技術を形作る伝統的な枠組みができあがった．すなわち，個別援助技術，集団援助技術，コミュニティ・オーガニゼーションの3つの方法を中心とする枠組みである．単一の専門職団体が結成されたことにより，社会福祉援助技術の共通基盤を模索する動きが起こった．また，社会福祉援助技術の方法には区分があるため，ワーカーがクライエントを選択し，結果としてクライエントのニーズに応えられないといった弊害などが生じていた．そこで，3つの方法を「社会福祉援助技術」としてまとめ，把握しようとする（統合しようとする）試みが起こってきた．社会福祉援助技術の統合化には，つぎの3つの形態が含まれる．

　第1は，伝統的な方法を前提として，状況に応じて適切な方法を組み合わせて用いる「方法の統合」である．ケースワーカーが集団援助技術を行う，グループワーカーがコミュニティ・ワーカーとしても働くといった段階である．

　第2は，ソーシャルワーカーとしての「共通基盤」を明確にしていく段階である．それは基本的には伝統的な方法の区別を残したうえで，それらに共通した価値・知識・介入のレパートリーを明らかにすること，全体的枠組みの中に社会福祉援助技術を位置づけることである．共通基盤の形成に向けて，アメリカでは1958年にNASWによって「ソーシャルワーク実践の作業定義」が出され，その検討をもとにH.バートレットの『社会福祉実践の共通基盤』

(1970年) がまとめられた．

そして第3は，「ジェネリック・ソーシャルワーク」の理論形成による統合である．これは，伝統的な方法の区分をやめ，まったく新しく，包括的で全体的な実践のための理論をシステム理論を用いて体系化しようというものであった．ジェネリック・ソーシャルワークを基礎とするソーシャルワーカーは，ジェネラリスト・ソーシャルワーカーとよばれる．

ジェネラリストの例として，老人ホームに勤務するソーシャルワーカーを考えてみよう．通常，老人ホームでソーシャルワーカーは，生活相談員，生活支援員などの職名で働いている．ソーシャルワーカーは入居者のさまざまな相談にのっている．入居者は，ホームの食事や介助方法に不満がある，家族との関係が疎遠になっている，同室の入居者との関係が悪い，体調が良くないために気分が落ち込んでいる，などの問題を抱えていることが多い．それらの問題に対して，ソーシャルワーカーは，入居者の立場を代弁して，介助への不満を介護担当の職員に伝えて，介助方法の改善を図ったり，また家族に連絡をして定期的に面会に来てもらうようにするなどの調整をしたりする．また入居者と個別に面接して，その希望を採り入れた個別支援のための計画（ケアプラン）を作成する．介護・看護・調理など，職種の異なる職員が参加するケース検討会議においては，各職種からの意見をとりまとめ，ホームとしてのサービス方針の統一を図る．これらは，個別援助技術（ケースワーク）としての活動である．一方で，入所者のあいだに親しい関係を作ったり，レクリエーションを提供するために，入居者が参加する絵画や音楽のクラブ活動を新たに始めたり，幼少時や若い時の昔話を語り合う場を設け，その活動をリーダーとして促進したりする．これらは，集団援助技術（グループワーク）としての活動である．そして経験年数を積み，知識と技術を高めていくにつれて，経験の浅い職員へのスーパービジョン（助言・監督）を行ったり，老人ホームの管理運営面での責任を次第に担うようになる．これらは，スーパーバイザー（指摘・助言者）やアドミニストレーター（社会福祉運営管理者）としての役割である．このように，

一人のソーシャルワーカーが，入居者のニーズに対応し，サービスの質を向上させるために，個別援助技術，集団援助技術，スーパービジョン，アドミニストレーションなどの多様な方法と技術を用いることによって，その職責を果たす．これが，ジェネラリストの活動事例である．

「ジェネリック・ソーシャルワーク」を体系化するために大きな役割を果たしたのが，一般システム理論と生態学的視点であった．一般システム理論は，理論生物学者であるフォン・ベルタランフィが1945年に提唱したもので，システム全般に使える普遍的な原理の理論である．その主題はシステム一般に対して使える原理を定式化し，導き出すことである．システムはつぎのような特徴を有する．①システムは境界をもつ．②すべての組織的，生物システムは開放的である．その境界は浸透性をもち，環境とエネルギーを交換する．③システムはその構造と特徴を保持する傾向がある．④システムの要素は潜在的に互酬的である．異なった初期状態からでもあるいは異なった仕方によってでも，特徴的な共通の最終状態に向かう傾向をもつ（等結果性の原理）．⑤閉鎖システムでは，最終の状態は最初の状態によって決定される．

システム理論によれば，社会は人，家族，職場，機関，組織などの種々のシステムから構成されていて，これらのシステムのなかにいる一人ひとりが自分の属するシステムのなかで相互作用すると同時に，他のシステムに存在する人，機関，組織などとも相互作用している．人はこのようなつながりのなかで社会生活を送っている．ソーシャルワークの焦点である「人間・環境」の形態を，人間と環境という別個の要素とみるのではなく，システムという同一概念によってとらえる枠組みをシステム理論は提供した．

しかし，システム理論は抽象的で難解であり，機械的な印象を与える．その理論を人間に対する援助活動であるソーシャルワーク実践により相応しいものにするため，生態学がメタファー（隠喩）として用いられる．生態学とは，人間を含む動植物とそれらの物理的，生物的環境との関係を研究する学問である．物理的環境とは，光や熱あるいは太陽から放射されるエネルギー，水分，風，

酸素，二酸化炭素，土壌中の栄養，水，大気などのことをいう．生物的環境は，同種の有機体や他の動植物などで構成されている．生態学からのメタファーとして，人間の環境への適応，生活ストレッサー，ストレス，対処能力，関連性，生息地 (habitat)，生態的地位 (niche)，公害などの概念が導入される．

　生態学的視点とは，クライエントをシステムのなかの存在ととらえ，クライエントとそれを取り巻く環境との相互作用に焦点をあて，それによりクライエントを理解しようとする視点である．社会福祉援助技術は従来からクライエントを認識するために，「環境のなかの人間」「人と環境との全体関連性」をその基礎的な概念枠組みとしてきた．生態学的視点はその系譜を引き継ぐものである．

　生態学的視点を基礎として構成されたソーシャルワークの実践モデルがライフモデル（生活モデル）である．ライフモデルは，カレル・ジャーメイン (Carel B. Germain) とアレックス・ギッターマン (Alex Gitterman) が提唱し，現在では社会福祉援助技術の主流となっているモデルである．生態学的視点を基礎とし，人間と環境との適合状態に焦点をあてる．病理や欠陥ではなく，人のもつ長所や回復力を重視し，日常の生活過程に沿って援助活動を展開する．

　ライフモデル実践は，個人，家族，グループ，ソーシャルネットワーク，コミュニティ，物理的環境，組織，政治に対する活動から成る．その目的は，人と環境とのあいだ，特に人びとのニーズと環境資源のあいだの適合レベルを高めることである．個人，家族，グループに直接サービスを提供するとき，その目的は，①効果的な対処のために，個人の資源と環境資源を動員しそれを活用するよう援助することによって，生活ストレッサーとそれに関連するストレスを除去し軽減する，②人のニーズに対応するように，社会的・物理的環境に影響を与えること，である．また，社会福祉援助技術には社会の不公平や不正を監視するという重要な役割がある．そのための活動として，コミュニティの生活の質に影響を与えるためコミュニティ資源を動員する，クライエントのニーズに対応する方法とサービスを発展させるため施設や機関などの組織に影

響を及ぼす，社会正義を支援するため政治に関わり法律制定に影響を及ぼすことなどがある．

　ライフモデルの視点を，ギッターマンがあげた事例をもとに，精神病理の視点と社会病理の視点との比較によって，検討してみよう．[11]

《事例》ビリーの事例
　ビリーは学校で注意散漫なので，担任の教師や校長は，彼を特殊学校へ転校させようとした．このような状況の中で，ビリーが通う学校に勤務するソーシャルワーカーはどのような援助をすればよいだろうか．

　まず，どのように問題を定義するかということが，その後の援助のあり方を大きく左右することになる．
1．精神病理の視点　学校側の見方は，精神病理の視点（こころに問題があるとする考え方）を基礎としている．生活上の問題は情緒障害として定義された．彼には，取り除くことが必要な精神障害があり，彼と母親は共生しているために離れることができないとされて，母親にも治療計画が立てられ，親子は別々の治療者より心理学的な治療を受けることになる．ここでは，学校，社会的ネットワーク，近隣社会の状態にはほとんど注意が払われない．
2．社会病理の視点　もし生活問題が，社会病理（社会の制度や仕組みが問題を作り出しているという考え方）に根ざしたものだと定義されると，その介入は制度やソーシャルアクションの面から計画されたものになる．特殊学校への転校に反対することによって，ビリーが学校にとどまる権利を勝ち取るだろう．彼は学校に通いつづけることができるが，学習が進まないという生活問題はいまだ放置されたままかもしれない．
3．ライフモデルの視点　もし，人間と環境の交換（関わり合い）において不均衡が生じていると定義されると，その介入の目標は，ビリーの欲求とビリーを取り囲む環境の資源との適合レベルを向上させることになる．ビリーが受けている生活ストレッサーを緩和し除去する，またビリーの対処技能を強め，環境資源を豊かにすることを目指す．
　ビリーの状況については，そのストレッサー源によって，人間と環境側面に関連するいくつかの事柄を取捨選択し，効果的な援助を実行する．
　①ビリーが学校環境への適応に困難を感じているとすれば，個人あるいはグループによる援助方式を通じて，彼の対処技能を向上させる．
　②ビリーの家族関係がうまくいっていないとすれば，家族で，または，同じような状況にある他の家族とともに，その関係を改善するための援助を行う．

③ ビリー，家族，学校間の関係のなかで機能不全が起きているとすれば，コミュニケーションの障壁を取り除き，相互に問題解決に取り組めるような援助を行う．
④ ビリーの学級では，子どもたちによるいじめやスケープゴートがあり，担任教師の偏ったクラス運営が行われていたとする．ワーカーと教師は学級会を企画して，そこで子どもたちが自らの思いや考えを表明できるように手助けする．
⑤ 放課後の遊びや学習の資源が欠けていたなら，ワーカーは学校が補助金を得てプログラムを開発することができるように働きかける．
⑥ ビリーのストレッサーが，生徒が多すぎて過密な教室であったり，通学途中に不良グループの側を通り過ぎる際の恐怖にあるとしたら，彼の両親が近隣の人や地域の親たちに，学校，警察，地方議会へ学校環境の改善と安全な通学路の確保を要望する運動への参加を呼びかけることができる．

実際にはビリーのストレスはたいてい重なり合った要素からその源を発しているであろう．一つのストレッサーへの効果的な働きかけが別のストレッサーへの対処を助けることがあるし，またあるときは同時に複数のストレッサーに働きかけることもある．

ライフモデル実践には次の特徴がある．① 多様性の尊重，エンパワーメントの重視，倫理的な実践，② クライエント—ワーカー関係を協働関係とみなし，関係に付随するパワーの差異を可能な限り小さくする，③ クライエントがアセスメントに参加することを重視する，④ サービスはクライエントのニーズに基づいて提供される．それゆえ，クライエントのニーズ，目標，関心，生活ストレッサーによって援助の活動様式が選択され，次に援助の方法と技能が導かれる，⑤ 個人と集合体が有する長所への焦点づけ，⑥ クライエントの行動と意思決定の強調．

ライフモデル実践において援助過程は，初期，中期，終期の3段階で把握される．ソーシャルワーカーには，クライエントの日常の生活過程にはいり，クライエントの活動に対して敏感に反応することが求められる．ライフモデルにもとづく実践は次の3点に焦点をあてる．① 苦痛に満ちた生活の変化と精神的外傷となる出来事，② 貧困，抑圧，ニーズに応答しない社会的・物理的環境，③ 家族やグループでの機能不全に陥った対人過程．

ワーカーが生態学に基づいたレンズを用いることで，複雑な状況に対する多様な着眼点をよく「見る」ことができ，クライエントを狭い枠組みのなかにあてはめることが少なくなる．同様に，個人，家族，グループ，地域など，ワーカーの実践における分化によってサービスの様式と内容を決定するのではなく，クライエントのニーズと好みにもとづいてサービスを決定するべきである．

以上みたように，社会福祉援助技術（ソーシャルワーク）は，ソーシャルワーカーのさまざまな実践活動のなかから形作られ，その時代時代の社会や政治状況から強く影響を受けながら変化し，発展してきたものであることがわかる．

引用・参考文献

1) 高野史郎『イギリス近代社会事業の形成過程：ロンドン慈善組織協会の活動を中心として』勁草書房，1985年，p. 274
2) アサ・ブリッグス，アン・マカトニー著（阿部志郎監訳）『トインビー・ホールの100年』全国社会福祉協議会，1987年，p. 8
3) カージャラ・洋子「各国のソーシャルワーク教育の歴史と現状・アメリカ」一番ヶ瀬康子ほか編著『社会福祉の専門教育』光生館，1990年，p. 156
4) 今岡健一郎「社会福祉教育の系譜―歴史的，国際比較的一考察」『淑徳大学研究紀要』第9・10合併号，1976年，p. 9
5) メアリー・E・リッチモンド著（小松源助訳）『ソーシャル・ケース・ワークとは何か』中央法規，1991年，pp. 20-23（*What is Social Case Work ?* 1922年の翻訳）
6) ゴードン・ハミルトン著（仲村優一訳）『ケースワークの理論と実際』有斐閣，1964年，下巻，pp. 138-139
7) ケニス・E・リード著（大利一雄訳）『グループワークの歴史』勁草書房，1992年，p. 250
8) ギセラ・コノプカ著（窪田暁子・服部廣子訳）『非行少女の心理』新書館，1970年（原著は1966年）pp. 402-403
9) H. スペクト他編（岡村重夫・小松源助監修訳）『社会福祉実践の統合化』ミネルヴァ書房，1980年，pp. 184-206
10) ケニス・E・リード，前掲書，p. 178

11) アレックス・ギターマン「ライフモデル理論」フランシス・J・ターナー，米本秀仁監訳『ソーシャルワーク・トリートメント（下）』中央法規，1999年，pp. 41-72

〈参考文献〉
① ウォルター・トラットナー著（古川孝順訳）『アメリカ社会福祉の歴史：救貧法から福祉国家へ』川島書店，1978年
② ロバート W・ロバーツ，ロバート H・ニー著（久保紘章訳）『ソーシャル・ケースワークの理論』川島書店，1985年
③ カレル・ジャーメイン著（小島蓉子編訳）『エコロジカル・ソーシャルワーク』学苑社，1992年
④ スーザン・ケンプ，ジェームス・ウィタカー，エリザベス・トレーシー著（横山穰・北島英治・久保美紀・湯浅典人・石河久美子訳）『人―環境のソーシャルワーク実践：対人援助の社会生態学』川島書店，2000年
⑤ Carel Germain & Alex Gitterman, *The Life Model of Social Work Practice* (2nd edition), Columbia University Press, 1996.
⑥ Robert L. Barker (ed.), *The Social Work Dictionary* (3rd Edition), NASW Press, 1995.

学びを深めるために

① メアリー・E・リッチモンド著（小松源助訳）『ソーシャル・ケース・ワークとは何か』中央法規出版，1991年（*What is Social Case Work?* 1922の翻訳）
　リッチモンドが，豊富な事例をまじえながら，ソーシャル・ケースワークを解説している．当時のクライエントの状況やワーカーの活動について詳しく知ることができる．
② ケニス・E・リード著（大利一雄訳）『グループワークの歴史』勁草書房，1992年
　グループワークの歴史に関する体系的な著作である．イギリスにおける萌芽期から1970年代までの状況を取り扱っている．
☞ ソーシャルワークの代表的な論者の著作を読んで，その考えや援助方法をまとめてみよう．

学びのオリエンテーション

基礎8科目（basic eight）と戦後日本の社会福祉教育のカリキュラム

　1919年にアメリカとカナダの17のソーシャルワーク学校が、訓練と専門教育の共通の基準を作ることを目的として、専門ソーシャルワーク訓練学校連盟を結成した。（この連盟は後にアメリカ・ソーシャルワーク学校連盟と名称変更する。）連盟は1932年に、授業と実習指導を含む1年間の専門教育からなる、学校を認可するための最低要件を決定する。そして1944年には「基礎8領域のカリキュラム」を採択した。ソーシャルワーク実践の基礎とみなされる8領域を、大学院で行われる専門教育の基礎8科目（basic eight）としたものである。8科目とは、公的福祉、ソーシャル・ケースワーク、ソーシャル・グループワーク、コミュニティ・オーガニゼーション、医療知識、社会調査（統計と調査の方法）、精神医学（人間行動と精神病理学）、社会福祉のアドミニストレーション（social administration）であった。

　日本では、1947年にGHQの主導のもとに社会福祉教育の関係者が集まり「社会事業学部設立基準設定に関する委員会」が設けられた。委員会は11回の会合を重ね、科目を一般教養学科、専門学科、実習の3種に分けた「社会事業学部設立基準」を採択した。専門学科の授業科目は、アメリカの大学院の基礎8科目を中心とするものであった。この設立基準に対しては、「大学院のカリキュラムを、そのレベルの違いを考慮しないで、学部の教育に採り入れた」「日本の実情にあった学科目について深く討議されて出来上ったものではなかった」などの批判がある。その後この設置基準に基づいて、社会福祉教育を行う大学または短期大学が、続々と設立されることになる。

湯浅典人

第3章
社会福祉援助技術の体系と概要

1 社会福祉援助技術の体系と活動分野

《事例》福祉系大学の新入生の疑問
　福祉系大学に入学したAさんは，両親が公務員であったことから，将来は自分も公務員になりたいと考えていた．とくに，以前母親から同じ役所の福祉事務所のことを聞いてからは，公務員の中でも福祉事務所のケースワーカーになりたいと思うようになった．一方，同じ福祉系大学に入学して，入学式以降Aさんと仲良くなったBさんは，高校時代に祖父が入院した病院にいた医療ソーシャルワーカーにあこがれて，福祉系の大学に入学したということであった．そうしたことをお互いに話すうちに，最近福祉事務所のワーカーの場合はケースワーカーで，病院のワーカーの場合はソーシャルワーカーということが多いが，その違いは何なのか，同じなのだろうか．また，福祉事務所は福祉の実践現場であるが，病院のように医療という福祉の実践現場でないところにもワーカーがいるようだが，ワーカーはほかにどのようなところで活動しているのだろうか，といった疑問がわいてきた．

　事例でAさん，Bさんが疑問に思ったように，確かに現在でも福祉専門職の呼称にはケースワーカーとソーシャルワーカーという用語がそれぞれ用いられることがある．そのことについては，福祉専門職が利用者に対して専門的な援助活動（社会福祉援助活動）を行う上で用いる援助方法（社会福祉援助技術）の概要について理解をすることで，両者の関係や意味が理解できる．そこで，本節ではその社会福祉援助技術には，どのような援助技術があり，今日ではどのように分類・体系化されているのかについて学ぶとともに，事例でのもう一つの疑問点であった福祉専門職の活動する分野について学ぶ．

1 社会福祉援助技術の体系と概要

(1) 社会福祉援助技術の体系

　今日，わが国の福祉専門職のうち，社会福祉士をはじめとする，いわゆるソーシャルワーカーが主に用いる専門的な援助方法の総称は，社会福祉援助技術（ソーシャルワーク）とよばれている．しかし，この社会福祉援助技術という用語は，1987（昭和62）年の「社会福祉士及び介護福祉士法」の制定以降に用

いられるようになったもので，それ以前の社会福祉関係の著作やテキストでは，「ソーシャルワーク」や「社会福祉の方法」,「社会福祉の技術」とされることが多く，しかもその内容は，「とくに，ケースワーク，グループワーク，コミュニテイ・オーガニゼーションもしくはコミュニティ・ワークは，基本となる独自な方法として，早くから中核にすえられ，もっともよく発達をみせてきているため，社会福祉の方法というと，この3つの方法だけを指すかのようにうけとめられるくらいにさえなっている[1]」といわれたように，それらの3つが援助方法の中心として理解され，発展してきたことがわかる．

ただ，わが国の社会福祉の援助方法に関する著作やテキストでは，上述の基本の3方法を中心としながらも，アドミニストレーション，ソーシャルワーク・リサーチ，ソーシャル・アクションといった3方法を加えた6つの方法が，社会福祉の方法として紹介されることが多く，さらに1970年代以降には，それに加えて社会福祉計画を社会福祉の方法として位置づけるものも出てきた．

それが，上述したように1987（昭和62）年に「社会福祉士及び介護福祉士法」が成立し，それにともなってそれらの専門職養成に関する通知が出され，その中で社会福祉の方法（ソーシャルワーク）は，「社会福祉援助技術」と称され，それは大きく直接援助技術，間接援助技術，関連援助技術の3つに分類・体系化されたのである．

具体的には，直接援助技術は，利用者に直接的に（対面して）援助活動を行うときに用いられる技術のことで，個別援助技術（ソーシャル・ケースワーク）と集団援助技術（ソーシャル・グループワーク）からなる．

間接援助技術は，利用者の援助に間接的にかかわる援助技術で，地域援助技術（コミュニティ・ワーク），社会福祉調査（ソーシャルワーク・リサーチ），社会福祉運営管理（ソーシャル・アドミニストレーション），社会福祉計画法（ソーシャル・プランニング），社会活動法（ソーシャル・アクション）からなる．

関連援助技術は，もともとは関連する他の分野で用いられてきた技術で，利

用者の問題やニーズの拡大・多様化の中で，社会福祉の援助活動の中でも用いられるようになってきた技術で，ネットワーク，ケアマネジメント，カウンセリング，スーパービジョン，コンサルテーションからなるという体系である．

このように，今日のわが国の社会福祉援助技術の体系をみてもわかるように，まずケースワーカーというのは，社会福祉援助技術の中の直接援助技術に含まれる個別援助技術（ソーシャル・ケースワーク）を主に用いて利用者を援助するワーカーを意味することがわかる．それゆえ，福祉事務所の場合は，個別援助技術を主に用いて援助を行うことから，そこでのワーカーはケースワーカーと呼ばれていることがわかる．

しかし，今日ではアメリカで1960年代以降に展開された方法の「統合化」の影響を受け，それまでの方法別の対応を見直すことの必要性が認識され，ワーカーの呼称についてもソーシャルワーカーが一般化してきている．つまり，はじめにも述べたように基本的な3方法を中心に，それぞれが別個に確立した体系の中での実践では，援助者がケースワーカー，グループワーカー，コミュニティワーカーのように呼ばれることが多く，それぞれの専門の援助方法をもとに対応しがちであった．それが，その後そうした援助方法別・対象者別の援助のあり方から，利用者の問題解決やさまざまな要求に合うよう援助方法を駆使していくことの必要性が認識されるようになり，さらにシステム論（全体を各構成要素が相互に影響しあいながら構成するものとしてとらえる考え方）の影響を受けたジェネラリスト・アプローチがソーシャルワークの考え方として出現したことにより，上述したようなさまざまな援助技術を必要に応じて適宜用いて利用者を援助することが，実際に求められるようになってきているといえ，そのような意味でまさにソーシャルワーカーが求められているのである．

そうした観点から，本章の第2節以降では，従来の個別援助技術，集団援助技術，地域福祉援助技術といったような方法別の枠組みからではなく，個人・家族への援助と社会福祉援助技術，集団への援助と社会福祉援助技術，地域への援助と社会福祉援助技術といったように，それぞれの対象に必要な援助技術

の展開について理解を図る構成となっている．また，前述したジェネラリスト・アプローチに基づくソーシャルワーク実践（ジェネラル・ソーシャルワーク）の展開については，第4章で紹介される．

(2) 社会福祉援助技術の概要

ここでは，前述した社会福祉援助技術の概要を，それぞれの援助技術ごとにみておく．

- 直接援助技術（ソーシャル・ケースワーク）
  ① 個別援助技術

問題を抱える個人や家族を対象として，個別的な面接を通して，問題解決を図っていく方法である．共感や傾聴などを通した利用者の心理面への対応を図りつつ，社会福祉サービスの提供や環境調整などを行っていく．

  ② 集団援助技術（ソーシャル・グループワーク）

共通課題をもったメンバーからなるグループ（小集団）のもつ力（メンバー間の相互作用）を活用しながら，さまざまなプログラム活動を通して，グループ全体およびグループを構成するメンバーを援助していく方法である．

- 間接援助技術
  ① 地域援助技術（コミュニティ・ワーク）

地域住民を主体として，地域に存在する福祉課題の解決に向けて用いられる援助方法である．具体的には，地域住民の組織化（地域組織化）や地域の福祉機関や施設・団体等の組織化（福祉組織化）などを行う．

  ② 社会福祉調査（ソーシャルワーク・リサーチ）

社会福祉援助活動のさまざまな基礎的データを調査・集計し，その結果・分析によって，援助内容の向上や，政策立案，効果性の向上につなげる方法である．具体的には，ニーズの把握や提供したサービスの効果測定などを行う．

  ③ 社会福祉運営管理（ソーシャル・アドミニストレーション）

社会福祉の機関・施設・団体における組織や事業の効果的な運営および職員・財源の適切な管理を通して，効果的な援助や質の向上につなげる方法である．近年では，社会福祉の政策や制度の運営・改善，計画化に向けた活動までも含めて理解されるようになってきている．

④　社会福祉計画法（ソーシャル・プランニング）

社会福祉の政策や制度を望ましい方向に計画（企画・立案）していくための方法である．政策や制度における具体的な目標設定，そのもとでの実施計画の策定などが含まれる．

⑤　社会福祉活動法（ソーシャル・アクション）

社会福祉の充実や制度・政策の創設・改善などに向けて，福祉関係者や住民が問題の提起や立法化などの行動を起こす方法である．具体的には，集会，署名，陳情，請願，裁判などの方法による．

●関連援助技術

①　ネットワーク

ソーシャルサポート・ネットワークともいい，ソーシャルサポートは社会的支援の意味であることからもわかるように，利用者の問題解決に向けて，利用者をとりまくさまざまな社会資源をつなげていく（ネットをつくっていく）方法である．

②　ケアマネジメント

ケースマネジメントともいい，利用者の援助をより効果的に行うために，最適な社会資源を調整（マネジメント）しながら，利用者に結びつけていく方法である．わが国では介護保険の実施により，このケアマネジメントがその援助過程に積極的に導入された．

③　カウンセリング

利用者の心理的な問題に対して，パーソナリティの強化や行動の変容などを通して，利用者の社会適応を支援していく方法である．厳密にいえば，カウンセラーが専門的に行うものである．

④　スーパービジョン

　社会福祉の援助にかかわる者が，より適切な援助ができるように，上司や同僚などから，助言や指導等を受けることをいう．なお，このスーパービジョンの機能には，教育的な機能と管理的な機能と支持的な機能の3つがある．

⑤　コンサルテーション

　社会福祉の援助にかかわる者が，より適切な援助ができるように，他の隣接・関連分野の専門家から助言や指導等を受けることをいう．このコンサルテーションは，上述のスーパービジョンと異なり，管理的な機能はもたない．

2　福祉専門職の活動分野

　はじめの事例でも疑問として述べられていたが，福祉専門職が活動する分野にはどのようなものがあるだろうか．ここでは，第1次分野とよばれる社会福祉の専門分野と第2次分野とよばれる他の関連分野という分類の仕方でその概要をみてみる．

　まず，第1次分野は，社会福祉援助技術との関連でいえば，社会福祉援助技術が第一義的な目的で用いられる分野で，福祉専門職が他の専門職とのチームワークの中でも主導的な役割を果たし，利用者の援助にあたっている分野である．具体的には，低所得者福祉の分野，身体障害児・者福祉の分野，知的障害児・者福祉の分野，高齢者福祉の分野，児童福祉の分野，母子・寡婦福祉の分野などで，それぞれの分野の専門機関や施設等において，福祉職が活躍している．

　一方，第2次分野は，同じく社会福祉援助技術との関連でいえば，社会福祉援助技術が第二義的な目的で用いられる分野で，そこでは福祉専門職はその分野の専門職と協働しながら，補完的な役割を果たしている分野である．具体的には，医療福祉，司法福祉，学校福祉，産業福祉の分野などがある．

　なお，この第2次分野について，もう少し説明をすると，医療福祉と司法福祉の分野については，福祉専門職が活躍する分野としてわが国でも確立してい

るといえる．医療福祉についてはいわゆる医療ソーシャルワーカー（MSW）や精神医学ソーシャルワーカー（PSW：資格名でいえば，精神保健福祉士）といった職種がそれにあたり，司法福祉については，家庭裁判所の調査官や保護観察所の保護監察官などがそれにあたる．

学校福祉と産業福祉については，アメリカなどでは福祉の職業として確立しており，学校福祉についてはスクールソーシャルワーカーが，また産業福祉については産業ソーシャルワーカーがそれに従事している．しかし，わが国では職業としては未確立の状態である．

② 個人・家族への援助と社会福祉援助技術

《事例》在宅介護支援センターでの相談援助

山本さんは福祉系大学を卒業し，在宅介護支援センターに勤めて1年目の相談員である．山本さんが勤務する在宅介護支援センターは，社会福祉法人であり，その社会福祉法人は特別養護老人ホームやヘルパーステーション，デイサービスなど多様なサービスをもっている．在宅介護支援センターは，介護保険の指定居宅介護支援事業所を兼ねており，そこにはケアマネジャーが所属して介護保険についての相談業務を行っている．在宅介護支援センターの職員である山本さんは，将来ケアマネジャーの資格をとりたいと考えている．

在宅介護支援センターには，さまざまな相談の電話がかかってくる．電話での相談受け付け以外にも，地域に住む高齢者の実態調査や介護保険を利用するには至らない介護予防の支援も行っている．毎日，電話での相談をうけたり，相談者宅を訪問したりする仕事である．ある日，70代と思われる女性（前田さん）から電話があり，「ヘルパーさんに買い物をしてもらいたいんですが……」とのことであった．たまたまその日はケアマネジャーが休みで山本さんがその電話の相談を受け付けることになった．一体どのような相談になるのか山本さんは，予想がつかず内心どきどきしている．

現場の相談員として働く場合，その相談の初期の多くは，個別援助相談である．利用者本人を中心に，利用者を取り巻く家族等が対象となる．基本的な部分で誰が対応しても一定の相談の質が確保されるために，客観性のある理論を

学び，実践の場でそれがどのように用いられているか学んでみよう．

1 ソーシャルワーカーと利用者の出会い

相談は，山本さんが出会った事例のように，自分から相談をもちかける場合と本人からは相談の希望のない場合とに分かれる．利用者本人から相談の希望が無い場合でも，援助が必要と考えられる場合は，埋もれた利用者を発掘するための積極的な介入を行うアウトリーチという視点にたって，相談に介入していく必要も当然でてくる．

事例の山本さんが利用者からの電話でどぎまぎしているのは，現場での相談は，専門書等で学んだ場合と異なり，最初の電話や訪問ではその人が一体何を問題としているのかが全くわからない状態であるからである．援助関係の本の事例では，ケース事例として最初からどのような人であるのかがわかるように，それぞれのケースに概略がわかる見出しがついている．しかし，現場での相談はどれも見出しが最初からついているものではない．ソーシャルワーカー（以下ワーカー）が，相談に乗りながら利用者と付き合う中で，何を問題として考える必要があるのかを，利用者と共に共有した結果として，ケースに名前が冠せられる．今回，山本さんが，事例の電話で，前田さんからの申し出により，ヘルパーの手配をすることがソーシャルワークではない．それでは，ソーシャルワークを全くせずに，単なる相談受付である．

利用者から相談をうける場合，明確な相談の内容を利用者自身が把握して相談に来られる場合は稀であり，ほとんどの場合，現在困っている事柄を中心に話が始まっていく．そこでは，利用者が「～してほしい，～あってほしい」という希望が述べられる．ワーカーは，傾聴し利用者の話を積極的に聞く．初期の面接では特に，性急なアセスメントを行うよりも利用者の言葉に，十分耳を傾けることが重要である．そして，利用者の気持ちを受容しながら，まずは利用者が相談しようと思う関係を作っていかなければならない．そして，相手との間に信頼関係（ラポール）を作ることが重要である．このことは，相談への

導入が，利用者からの申し出で始まる場合でもそうでない場合でも，利用者との間に相談ができる関係であるという信頼がなければならないのである．つまり，福祉の現場の相談においても，カウンセリングの導入場面と同様に，ラポールを形成することが重要な始まりとなるのである．カウンセリングは，援助技術の隣接科学であり，社会適応上の課題や精神的なことがらに対して行われる心理的な技術である．また，傾聴も，ロジャーズ（Rogers, C. R.）の来談者中心療法カウンセリング[2]技術のなかでとくに強調されているもので，指示を出さず，クライエントが自分の感情に焦点をあてることができるように，非指示的[3]に共感をもって聴くことが中心となる．インテークの段階から，カウンセリング的態度が必要とされており，それが，傾聴，受容，ラポール形成である．

2 個別援助の経過

事例のように，山本さんは，利用者である前田さんの経過を相談し，個別援助を行っていく．そのときに，どのような専門的な理論が用いられているのかを以下の経過を追ってみてみよう．ケースワークの過程は，以下の通りである．

① インテーク（受理面接）
② アセスメント（事前評価）
③ 援助計画・立案
④ 援助計画の実行
⑤ モニタリング・事後評価

この後，再びアセスメントに戻る．

① インテーク

相談の導入として，住所，氏名，年齢，主訴等を聞き相談が始まる．

初回の電話での相談において，山本さんはどのように今後の相談者としての関係を利用者と作ることができるであろうか．初回面接は，必ずしも顔を合わせる場合だけではなく，今回の事例のように電話相談という場合もある．その

時，声だけで，どのような対応ができるであろうか．

　あなたが山本さんだとして，最初の電話で，実際にどう答えるかを書いてみよう（研究課題1）．
＊　ポイント
　相手の気持ちを受け止める対応になっているか．
　相手の話をきちんと聞ける対応になっているか．

　山本さんは，前田さんの状況を知るために，初回の電話では，必要な情報が何なのかを把握しつつ，話を聞いている．そして，必要があれば，自宅訪問を行って情報を収集することになる．また，最初の相談場面で，相談者がどのような形で関わるのかという立場を，きちんと相談相手に伝えることも重要である．医学におけるインフォームド・コンセント（説明と同意）と同様に，福祉の現場が，措置から契約の流れにあるなかで，今後重要な事柄になっていくと考えられる．

　前田さんは，ヘルパー派遣を希望しているが，ここで重要なことは，ヘルパーを希望する理由は何であるかということである．今後の相談のなかでワーカーは，どのような困りごとを解決するために，ヘルパーを利用するのかを，明らかにしていかなければならない．この段階で前田さんが希望しているヘルパー派遣は，デマンド（要望）であり，ワーカーが相談にのり，利用者との共通の認識として確認されたニーズ（生活課題）とはいえない．どのような困りごとのためにヘルパーが派遣され，それがどのように問題を解決していくのかが，把握されなければならないのである．利用者の自己決定は，デマンドだけで構成されるのではなく，ニーズを解決していくために，ワーカーと利用者が共に責任をもつ自己決定でなければならない．

②　アセスメント（情報収集）

あなたが山本さんだとしたら，前田さんとの面接で，どのような内容についての情報が必要であると考えるか，その情報の種類とその理由について書き出してみよう（研究課題2）．

アセスメントのツールは，多々あるが，介護保険で利用されるアセスメント用紙に共通した項目について示したものが表3-1である．介護を必要とする人のためのアセスメントツールの共有項目であるため，介護の面が充実したものになっているが，事例の場合の山本さんも，アセスメントの内容が頭に入っていると初回の自宅訪問での相談も，内容に即した質問ができる．アセスメントは多様な面での情報を収集するために必要なものである．そして，その情報収集はどのような援助を行うために必要なものであるかが問われる．

これらは，個人の情報であり，情報の取り扱いには十分留意する必要がある．個人情報については，秘密保持が原則であるが，ソーシャルワークの仕事は，利用者の秘密を本人の許可を得て，他の実践現場と共有する仕事でもある．この点をふまえて，情報の管理について利用者と共通の認識をもっておく必要がある．また，情報収集は，前田さんの生活問題を解決するために必要なものであるべきである．そのため，単なる好奇心で聞いてはならないし，援助の目標が明確でない情報収集であってはならない．

〈前田さんについての情報〉

山本さんが得た前田さんについての情報は表3-2の通りであった．（これらの情報のなかには，本人だけからのものでは不十分なものも含まれている．そのため，訪問は1回だけでなく，近隣の民生委員や姪の同席も得て得られた情報である．）問2で，あなたが収集しようとした情報とどのような点が違っただろうか．山本さんは，在宅介護支援センターの職員であるが，前田さんの相談を受けるなかで，居宅介護支援事業者も同じ法人であることが確認できたので，ケアマネジャーと一緒に相談援助を継続していくこととなった．ここでは，先輩にあたるケアマネジャーも山本さんと同じ職種であるので，山本さん

表3-1 課題分析に関する標準項目

課題分析に関する項目	
標準課題項目名	項目の主な内容（例）
健康状態	利用者の健康状態（既往歴，主傷病，痛み等）について記載する項目
ADL	ADL（寝返り，起き上がり，移乗，着衣，入浴，排泄等）に関する項目
IADL	IADL（調理，掃除，買物，金銭管理，服薬等）に関する項目
認知	日常の意思決定を行うための認知能力の程度に関する項目
コミュニケーション能力	意思の伝達，視力，聴力等のコミュニケーションに関する項目
社会との関わり	社会との関わり（社会的活動への参加意欲，社会との関わりの変化，喪失感や孤独感等）に関する項目
排尿・排便	失禁の状況，排尿排泄後の後始末，コントロール方法，頻度などに関する項目
じょく瘡・皮膚の問題	じょく瘡の程度，皮膚の清潔状況等に関する項目
口腔衛生	歯・口腔内の状態や口腔衛生に関する項目
食事摂取	食事摂取（栄養，食事回数，水分量等）に関する項目
問題行動	問題行動（暴言暴行，徘徊，介護の抵抗，収集癖，火の不始末，不潔行為，異食行動等）に関する項目
介護力	利用者の介護力（介護者の有無，介護者の介護意思，介護負担，主な介護者に関する情報等）に関する項目
居住環境	住宅改修の必要性，危機箇所等の現在の居住環境について記載する項目
特別な状況	特別な状況（虐待，ターミナルケア等）に関する項目

出典：『介護支援専門員実務研修テキスト』長寿社会開発センター，2003年，p.153より抜粋

のスーパーバイザーとなる．

〈相談の対象となる人は一体誰なのか〉

事例の前田さんは，自ら電話で相談をしてきた．したがって山本さんは，迷うことなく前田さんを利用者と考えて相談している．しかし相談が前田さんからではなく，近隣の民生委員や姪のSさんが，困ったこととして相談してきた場合，一体誰が相談者になるのであろうか．山本さんは，誰を利用者として相談していかなくてはならないのであろうか．その場合，困っていることを主

表3-2　相談内容

氏名	前田　○○子
年齢・性別	78歳・女
要介護状態区分	要介護1
家族構成	独居．子どもは2人（長男は県外で独居．次男は死亡），他に近隣に姪が独居．
課題分析（アセスメント）関連	
健康状態	高血圧症で診療を受け，投薬をうけているほかは特に疾病はなし．
精神状態	数年前から生活活性を目的に，通所リハビリを利用していた．夜間の不安が強く，夜になるとあちこちに電話をかけるということで，他人に迷惑がかかっていた．一年ほど前から徐々に痴呆が進行し，通所リハビリで迎えにいくと，準備ができていないことが多くなり，生活の監視が必要になってきていた．金銭を盗られたという被害妄想があるが，特別な問題には至っていない．
ADL	杖を使わなければ歩けない他は，移動動作などに特別な問題はない．ただし，歩行は不安定なため，転倒の危険性はある．入浴時は洗身等に介助が必要である．
IADL	几帳面な性格だったが，家の中はかなり散らかっている．
経済状態	数年前には貯金が，かなりあったが，今回聞いてみると数十万円しかなく，本人に聞いても「わからない」と言う．年金は月額約5万円．金銭管理ができてない状態であるが，被害妄想があり，「とった」と言われるため，姪は管理を嫌がり，金銭管理者がいない状態である．
本人の気持ち	自分の家で生活をしたいと考えている．泥棒に入られるという被害妄想があって，夜間の鍵はきちんとかける．

◎　居宅介護支援開始に至るまでの経緯
　数年前から老人保健施設の通所リハビリテーションを利用していた．準備要介護認定の段階で訪問調査が行われた結果，要介護1と認定を受け，サービスを開始した経過がある．
　親類からは，本人の意思を尊重してできるだけ居宅での生活を重視してサービスの提供を行ってほしいとの依頼があり，介護保険での訪問介護を十分に取り入れた居宅サービス計画を作成することとした．また，本人の年金額が少なく，貯金もわずかであるため，限度額内に抑えることに十分留意する必要がある．

張する姪のSさんであろうか．または，近隣の民生委員であろうか．ソーシャルワークの対象となる人は，生活者として一番の弱者の立場におかれている人であり，ワーカーは，生活の自己実現を阻害されている人のアドボケイト（代弁者）でなければならない．したがって，姪のSさんや民生委員からの困りごととして相談がもち込まれたとしても，相談の対象者は，自己実現を阻害

表3-3　バイステックの7原則

①	個別化	利用者を個人としてとらえること
②	意図的な感情表現	利用者の感情表現を大切にすること
③	統制された情緒関与	援助するものは自分の感情を自覚して吟味する
④	受容	利用者を受けとめること
⑤	非審判的態度	利用者を一方的に非難しないこと
⑥	クライエントの自己決定	利用者の自己決定を促してそれを尊重すること
⑦	秘密保持	秘密を保持して信頼感を醸成する

されていると考えられる前田さんである．

〈バイステック（Biestek, F. P.）の原則からみた相談援助について〉

　山本さんがアセスメントを行った経過のなかで，バイステックの原則がどのように用いられているのかをみてみよう（表3-3）．まず，前田さんの話を，じっくりと傾聴して受容し，前田さんが，自分自身の相談であるとの気持ちを抱けるようにしなければならない．それが，個別化である．

　また，話のなかで前田さんは，期待以上には自分の世話をしてくれない子どもたちや親戚について，これまでの経緯に基づいたさまざまな感情を吐露するかもしれない．その感情表現を大切にすることは，意図的な感情表現と呼ばれるものである．そして，山本さんがもつ，前田さんに対しての感情や，前田さんの息子さんに対しての感情などを自分で冷静にみつめることが，自分の感情に流されずに相談を続けていくなかで重要であり，これは，統制された情緒関与である．このことは，カウンセリングで逆転移と呼ばれるワーカーが利用者に対してもつ（肯定的・否定的）感情を理解することと重なっている．山本さんが抱いた逆転移の感情は，離れて住む息子への怒りの感情であった．自分の親の世話をせずに，自分の暮らしを優先する態度を許せないと感じた（山本さんが抱いた逆転移は否定的なものであったが，逆転移には，肯定的な感情もある）．しかし，ワーカーには，非審判的態度が求められる．ここでも，ワーカ

ーは，自分の態度を省みることが深く求められるのである．つまり，自分が感じた感情に自覚的であることが，相談の客観性や公平性の基となるのである．前田さんの生活態度や意見を受容し，前田さんの自己決定を促しそれを尊重する態度が求められる．自己決定を行った内容については，利用者のみならず，ワーカーもその内容に責任が生じる．利用者が自分の好みで決定したことだけが，自己決定ではなく，相談者として関わったワーカーにも，決定した内容に責任が生じるということである．そして，前述したように，収集した情報をどのように利用するのかについては，秘密保持を原則に，利用者との間で「問題解決という目標のために情報が用いられる」という共通の認識をもつことが大切である．

〈ソーシャルワーカーに求められる態度〉

上記のバイステックの原則に従って相談をすすめていくために，必要な前提条件がある．それが，自分のもっている価値観を自己覚知していることである．自分が利用者のどのような感情や内容に心を動かされるのかをよく知っていることである．利用者がもっている価値観は，多様であり，どれもがその人の人生のなかで培われてきた経験に根ざしたものである．さまざまな価値観をもった利用者に対して，偏見を持たずに聴くことは，難しい．時には自分とは全く異なる価値観の利用者とも出会うことになる．その時，非審判的態度がとれるかどうかは，自分の価値観にどれだけ敏感であるかと密接に関わっている．

③ 援助計画・立案

山本さんがアセスメントを行った表3-2の結果をみて，あなたが考えた前田さんの課題について，検討してみよう．課題であると考える事柄は何であるか，書いてみよう．そして，この事例に題名をつけるとするとどのような題名が適切であるか考えてみよう（研究課題3）．

表3-4 居宅サービス計画　前田さんの場合

予測される危険・解決課題	短期目標
1　入浴が一人でできず，不衛生になりがちである．	定期的に入浴等を行い，清潔にすごす．
2　独居で痴呆のため閉じこもりがちで，被害妄想などの問題行動が顕著になってきている．	人とのコミュニケーションを多くとることで生活の活性化をはかり，被害的にならないようにする．
3　掃除ができず，部屋が不衛生になっている．	清潔な部屋に住む．
4　調理等が自分で行えず，定時の食事がとれない．	食事の準備ができるようにする．
5　痴呆のため，自己で食事や水分の管理ができないため，栄養失調や脱水状態を起こす可能性がある．	栄養や水分の摂取量をチェックし，脱水状態が起こらないようにする．
6　生活能力や歩行が低下しており，一人で通院することができない．	定期的に，介助を伴って通院できるようになる．
7　痴呆のため金銭管理ができず，支払いなどに支障がある．	家族等による援助で金銭管理を行う．（権利擁護，成年後見人制度の利用も考える）
8　自分で薬等の管理が行えない．	服薬の管理を行う．
9　緊急時の連絡等の手立てがない．	緊急時に連絡をとれる場所や人を確保する．
10　歩行が不安定で，室内での転倒の危険がある．	安全に歩行できるようにする．（室内，浴室，トイレ等の手すり設置）リハビリを行う．
11　将来的に経済的不安がある．	経済的に安定して暮らせる手立てを考える．
12　施設入所の検討が一人でできない恐れがある．	将来について一緒に考える人を確保する．
13　火の不始末の心配がある．	生活道具の見直し等（電磁調理器等の導入）
14　日常生活が充実せず不活発である．	生活が活性化する手立てを考える．社会的な参加を促す．

　山本さんがケアマネジャーの先輩の力を借りながら計画立案のために生活の課題と考えられる事柄を書き出したものが表3-4である．これらの課題は，解決可能な課題を見い出していくという課題中心モデルの視点から考えたものである．

　表3-4には社会資源であるサービスについては触れられていない．サービスを指向する相談ではなく，あくまで生活課題としてのニーズとしてまず捉え

ることが重要であり、そのためには、利用者の困りごとに着目する必要がある。どのようなサービスを利用してもらうのかという、サービスを利用者に当てはめていく相談方法では、サービス・オリエンテッド（サービス指向型）の相談となり、利用者が本来困っている事柄がみえなくなってしまう。そのサービスを利用する目的が曖昧になってしまう危険がある。また、ワーカーは、既存のサービスを提供するだけではなく、既存にはないサービスについても、その必要性に応じて地域や行政に積極的に働きかけていくことも重要な責務なのである（ソーシャル・アクション）。既存にはないサービスを作り出す力となるのは、利用者の困りごとをどれだけ把握しているのかである。個人個人が何について困っているのかを把握することが、重要となる。それが、ニーズ・オリエンテッドの相談である。

　また、表3-4のなかには、前田さん自身がまだ困りごととして認識していない事柄もあろう。それらについては、相談のなかで、今後明らかにされなければならない事柄となる。

　援助の計画を立てる場合、前田さん本人からだけではなく、実際の前田さんの生活に関わっている子どもや姪、そして近隣の方々等の関わりも知っておく必要が出てくる。その場合は適宜、（利用者の了解を得て）その方々から情報を得て、前田さんの生活全体像を描けるようにならなければならない。利用者本人だけではなく、前田さんを取り巻く家族、医療機関や公的機関、そして地域からの情報が援助の展開のために必要な情報源となる。

〈生活機能モデルとしての新しい問題の捉え方〉

　　表3-4を参考に、Mさんの課題を、ポジティブな面から捉えなおして考えてみよう（研究課題4）。

　相談に来所される人をどうとらえていくかについて、歴史的にみても、さまざまなとらえ方がある。相談に来る人が数々の問題を抱えていることから、

我々は，その問題を医学モデル[4]として捉えようとしたり，危機介入モデル[5]や課題中心モデル[6]，行動変容モデル[7]として捉えようとした歴史がある．これまでのとらえ方は，福祉や保健，看護，医療などの専門家的な視点から，とらえることが中心であった．しかし，1980年のWHO（世界保健機関）のICIDH（国際障害分類）を経て，2001年にWHOが採択したICF（国際生活機能分類）では，問題のとらえ方が大きく転換したといえる．それは，生活者からみた問題のとらえ方といってよいだろう．専門家が一方的に診断を下したり決定したりするのではなく，ともすればそれまで忘れられがちであった生活者自身が，自分の人生を生きてきた専門家として，自分の人生に責任をもち自己決定を行うことに専門家が協働するという考え方である．そのとらえ方は，これまでの「～ができない」というネガティブな面からとらえていた生活課題の視点を，180度転換してポジティブな「～ができるようになりたい」という視点で，とらえなおすことでもある．表3-4で表された前田さんの課題について，新しい視点から，前田さんの課題をとらえなおしてみたものが，表3-5である．

表3-5では，表3-4で前田さんの問題点としてとらえられていたものが，前田さんが目指す生活の実態をともなったポジティブな視点で，とらえなおされている．利用者の力を引き出し，エンパワーメントされる視点からも，とらえ方が変わるのである．これが新しいソーシャルワークの視点である．

④ 援助計画の実行

山本さんは，ここまでのニーズの把握を行った後，介護保険のケアマネジャーに引継ぎを行った．ケアマネジャーは，前田さんと課題について調整を行い，それを介護保険の様式にのっとって記入し，各サービス機関との調整に入っていく．

ケアマネジメントが一般に広く知られるようになったのは，高齢者を対象とした2000年度の介護保険の導入からである．ケアをマネジメントするという考えは，高齢者から始まったが，その対象は高齢者だけではなく，今後障害の

表3-5 ポジティブな視点からみた居宅サービス計画 前田さんの場合

	生活ニーズ
1	援助をうけながら，入浴できるようになる．
2	独居で痴呆のため閉じこもりがちで，被害妄想はあるが，近隣や親戚などの人との関係を継続していきたい．
3	援助をうけて清潔な部屋で暮らす．
4	調理等の援助をうけて定時の食事をとり，独居を続ける．
5	（痴呆のため，自分で食事や水分の管理ができないので）脱水状態を起こさないように援助を受ける．
6	定期的に病院に通えるようになる．
7	（痴呆のため金銭管理ができなため，支払いなどに支障がでないように）金銭の管理を任せる人を選ぶ．
8	援助をうけ，薬等の管理が行えるようになる．
9	緊急時の連絡に困らないように，手立てを考える．
10	室内での歩行が安定できるようになる．
11	経済的な不安が軽減されるように，対策を考える．
12	独居が難しくなった場合の将来の施設入所等を一緒に考えてくれる人を探す．
13	火元の確認の援助をうけ，出火の心配をなくす．
14	充実した日常生活が送れるように精神的に活性化するものを探す．

ある人全般にまで広がりつつある．ケアマネジメントの定義は，さまざまであるが，共通するのは，利用者に，社会資源などの活用に際し，平等かつ均等に機会が与えられなければならないとする考えに基づいていることである．利用者の生活困難課題を把握し，そのニーズにあった社会資源を一元的に活用することである．

⑤ モニタリング・事後評価

相談援助は，一回きりで終わるものではない．モニタリングは，計画した通りの援助が実行されているかという，援助の有効性について自己点検・自己評価を行うことである．援助したことが，利用者の自立の支援になっているか，生活の質の向上になっているのかについて，期間を決めて評価しなければならない．モニタリングを行った後は，再びアセスメントし，以後は，終結するま

での間繰り返されることになる．なお介護保険のケアマネジメントの詳細については，別章で論じられる．

③ 集団への援助と社会福祉援助技術

《事例》グループワークを始めるきっかけ

　水谷さんは大学で社会福祉を専攻して，特別養護老人ホームに寮母として就職し，昨年ケアマネジャーの資格を取得した．現在は相談員・ケアマネジャーとしてこれまで以上に施設を利用される高齢者に喜んでいただける仕事をしようと張り切っている．あるとき介護認定の評価項目をみながら，水谷さんは考えた．入所者の心理社会的なニーズへのアセスメントをしても，それへの対応は身体介護中心のケア計画になりがちだし，クラブ活動や行事も利用者の自発的な参加が基本なので，参加に消極的な入所者に応えるサービスが不足している．

　水谷さんは次のような光景によく出会う．入所間もない井上さんは，部屋で車椅子に座って何をするともなくたたずんでいる．誰かと会話するでもないし，何かしたいことがあるわけでも，何かを待っているわけでもない．井上さんは，食事や排泄など職員との決まったかかわりの時以外にはあまり会話をかわさず，他の利用者との交流も少ない．また，軽い痴呆症状が現れてきた河野さんは，ときどき大声で何かを訴えているが，あまり関われる職員がいない．水谷さんは，みかけたときには声をかけ，少し話しを聞くことを心がけたが，個別の支援の方法を計画し実施することはなかった．水谷さんひとりで利用者全員の話をゆっくり聞いている時間もない．介護の職員はなおさらそうである．そこで水谷さんはグループワーク（集団援助技術）の活用を思い立ち，時折開かれるワークショップに参加したり，他施設のグループワークの経験者に相談しながら準備をすすめた．

　社会福祉施設や児童相談所や病院などでは，ソーシャルワーカーによって集団（グループ）を対象とした援助が行われている．それらの援助は，集団援助技術（以下，グループワークともいう）とよばれ，社会福祉援助技術を構成する技術の一つとして位置づけられている．本節では，集団援助技術とは何か，集団援助技術を必要とする人と活用の場，集団援助技術の構成要素と展開過程について考えていく．

1 人とグループ（集団）のかかわりあい

わたしたちは，生まれてから現在にいたるまで，親，兄弟姉妹，友人，教師，職場の同僚など，さまざまな人びとに出会い，かかわりをもちながら，成長し，社会生活を送ってきている．人間は誰でもひとりで生きていくことはできない．感情を分かち合いたい，話がしたい，愛したい，愛されたいといった欲求は，他者とのかかわり（相互作用）のなかで，はじめて満たされることになる．

人びとはまた，多様な集団（グループ）を形作る．家族，遊び仲間，学校のクラス，運動のクラブ，職場集団，教会や寺院の信者仲間などである．わたしたちは，それらの集団に属することによって，社会での位置づけを確認し，安定感を得ることができる．同じ集団に属する人びととの比較的安定した関係のなかで，親密な人間関係を発展させることを学ぶ．また社会で生活し，機能していくためには，一般社会が有する価値観や規範（ルール）を自らのものとする必要がある．わたしたちは，集団の中で生活することによって，集団のメンバーに要求される価値観や規範を身につける．

2 集団援助技術とは

グループの中では，メンバーとメンバーの間で相互作用があり，グループが発達していくに従って，メンバー間に相互に援助し合う関係が生まれてくる．集団援助技術（グループワーク）は，このようなグループのもつ特性や長所を，意識的，意図的に活用する，ソーシャルワークの一つの方法である．

グループワークの代表的な研究者であるジゼラ・コノプカはグループワークをつぎのように定義している[8]．「ソーシャル・グループ・ワークは，ソーシャル・ワークの一つの方法であり，意図的なグループ経験を通じて，個人の社会的に機能する力を高め，また，個人，グループ，地域社会の諸問題に，より効果的に対処しうるよう，人びとを援助するものである.」

グループワーカーはグループワークの展開過程に，意図的に介入する．つま

り，グループワークと他のグループ経験を区別する一つの条件は，グループワーカーの存在の有無であり，しかも，ただ漠然としてではなく，グループワーカーは目的をもって，意識的・計画的にグループに働きかけているということである．

3 集団援助技術を必要とする人と活用の場

グループワークを必要としているのは，次のような人びとである．
① 新しく生活施設に入所したが，知り合いがおらず，集団生活になじんでいない人．
② 施設の居住者で，健康に問題はないが，一日中テレビをみており，希望もなく，淡々と毎日を過ごしている人．
③ 同じ問題を抱えながら悩んでいる人びとで，グループを通じて，問題解決をはかっていこうとする人びと．たとえば，アルコール依存者，子どもの非行に悩む母親たち，不登校の中学生など．

グループワークが活用される主な場としては，児童相談所などの相談機関，高齢者福祉施設，グループホーム，児童養護施設，児童自立支援施設，病院などがある．老人ホームなどの生活施設について，集団生活のもつ欠点がよく指摘される．たとえば，あらかじめ決められた生活の流れやルールに居住者がしばられている，4人部屋が大多数で，個室はほとんどなく個人のプライバシーが守られていない，などである．グループワークでは，それとは反対に，集団のもつ長所に着目し，肯定的にとらえ，資源として集団を活用していこうとする．

施設職員が，自分が働いている職場で新たにグループワークを採り入れようとするときには，つぎのようなさまざまな障害が起こることが予想される．グループワークを行える人がいない，グループワークの指導（スーパービジョン）を行える人がいない，グループワークに必要となる時間や資金が不足している，施設のなかに適当な場所がない，などである．グループワークにあまり

なじみがなく，理解もない運営管理者から「それはレクリエーションの提供であって，あなたの本来の仕事ではない」といわれるかもしれない．施設の利用者のなかには，グループワークを必要としており，グループワークによって生活状況の改善が見込まれる人が多いことをねばり強く訴えていくことで，上司や職員の同意を得ることが必要になる．グループワークを実施し，その効果を示していくことで，施設のサービス・プログラムの中に組み入れていくことが重要である．

4 集団援助技術の構成要素

グループワークは，①グループワーカー，②グループメンバー，③プログラム活動，④社会資源の4つの要素から構成されている．

(1) グループワーカー

グループワーカーは，社会福祉施設，相談機関，病院などの有給職員で，グループがリーダーを育て，望ましい活動を展開していけるように援助する役割を果たす．ワーカーはメンバーとの信頼関係を通して，メンバーが自主的，積極的に行動できるように助け，グループの発達段階にあわせて，適切なかかわりをしていく．

グループワーカーは，場面や状況に応じてつぎような多様な役割を果たしていく．

リーダー：集団経験の少ないメンバーの場合やグループの開始期において，ワーカーはリーダーとして，グループの雰囲気を作ったり，メンバーが参加しやすい条件を整えるなど，積極的な役割をとる．

助言者：グループ全体に助言したり，リーダーや役員に役割の果たし方をアドバイスする．

情報や技能の提供者：グループ活動を行うために必要な知識や社会資源の情報を提供したり，絵画制作やスポーツに必要な技能を指導したりする．

誘導者：グループの動きが低調になったとき，新しいプログラムを提案しメンバーに刺激や興味を起こさせる．

オブザーバー：グループが活発に動いているときには，グループ全体の様子，各メンバーの様子を観察する．

(2) グループメンバー

グループメンバーとは，グループの援助対象となる，グループ構成員のことである．子どもから高齢者まで幅広い人を対象とするが，援助の目標によってメンバーの構成は異なる．

ワーカーのかかわるグループは，その成立過程によって，「自然発生的グループ」と「人為的グループ」とに分けられる．自然発生的グループは，メンバーによって自主的に形成されたものであり，友だち仲間，近隣に住む乳幼児とその母親で自然発生した公園グループなどである．ワーカーが接触を始める以前に，すでにグループの目的や構成が存在している．ワーカーは，そのグループがどのようにして形成されたのか，誰と誰で始められ，リーダーは誰であり，いま常連が何人いるのか，といった現状を踏まえて援助を出発させる．人為的グループは，社会福祉施設，相談機関，病院などで，それぞれの目的に応じて，はじめからグループワークの援助の場として，ワーカーの関与のもとに形成されるものである．したがって，目的に応じてワーカーが，グループの規模，メンバーの選抜，構成方法を決定する．

(3) プログラム活動

前田ケイは，プログラム活動を次のように定義している．「プログラム活動とは，グループがそのグループ目的に沿って行う，あらゆる具体的な活動を指し，その活動の計画，実行，評価などにわたる全過程を通しての活動を含む．」グループメンバーが数週間がかりで準備して行う歌の発表会は，プログラム活動の一部であって，その準備のためにメンバーが行ったすべてのことが，その

グループのその期間のプログラム活動であるととらえられる．

伝統的なプログラム活動としては，次のような活動がある．①レクリエーション活動（スポーツ，ハイキング，ゲーム，音楽，工作など），②社会体験学習活動（各種機関への見学など），③日常生活活動（雑談，会食など），④教育・訓練活動（話し合い，ロールプレイングなど），⑤ソーシャルアクション活動（各種機関や制度の改善活動，啓発活動など）

プログラム活動を進める際に利用されるプログラムの素材を「プログラム材料」という．よく用いられるプログラム材料としては，ゲーム，音楽，工作，料理，スポーツ，話し合い，季節行事，学習会，見学などがある．

(4) 社会資源

社会資源とは，個人やグループのニーズを満たしたり，目標を達成するために，活用することができる多様な資源の総称である．社会資源には，①物的資源（各種の施設や機関，資金，建物，場所），②社会制度的資源（社会福祉に関する法律，制度），③フォーマルな人的資源（ソーシャルワーカー，保健師，医師，弁護士などの専門職員），④インフォーマルな人的資源（家族，友人，ボランティア，セルフヘルプ・グループなど），⑤社会資源を利用するための資源（交通手段，情報など）が含まれる．グループワーカーは，グループの目標達成のために利用できる資源を見つけ出し，メンバーが主体的に社会資源を活用し，対処能力を増すように援助する．また資源が不足しているときには，自ら新しく資源を開発していくことが求められる．

5　集団援助技術の展開過程

グループが開始されてから，終結に至るまでのグループワークの展開の過程は，必ずしも直線的な経過をたどるとは限らず，行きつ戻りつしたり，ある段階でとどまったりする．しかし，このような逆戻りや停滞の動きをとりながらも，グループは目標の達成に向かって，一定の発達段階をたどると考えられて

いる。研究者たちは，4段階から7段階までのグループの発達段階理論を発展させている。ここでは，グループの発達段階を①準備期，②開始期，③作業期，④終結期の4つに分けて説明する。

(1) 準備期

《事例》回想法グループの準備

　特別養護老人ホームで相談員をしている水谷さんは，グループワークの活用を考えつき，職場内の環境を整えることにとりかかった。まず，寮母主任に相談してみると，「私はグループワークについてよく知らない。自分達にわかるように説明してほしい」といわれた。そこで水谷さんは職員会議のときに，グループワークへの参加が適当と思われる入所者を示したり，グループワークの資料を配って，職員の理解を得られるように努めた。コ・ワーカー（協同ワーカー）として参加する職員をつのったところ，介護職の4名の協力者が得られた。そして，試験的な実施という条件でグループワークが了解された。

　水谷さんは4名と協力して本格的な準備を進めた。井上さんのような生活のはりが必要な人や河野さんのような軽い痴呆のある人を対象とし，ホームで楽しいひと時を過ごしてもらい，その経験を通してホームでの普段の生活自体に生き甲斐を見出せるよう援助することをグループの目的とした。グループ活動は，利用者の方々の昔の生活ぶりを話していただくこと（回想法）にした。利用者の人生を知ることは日常のケアにつなげられるだけでなく，人生の先輩である入所者から謙虚に学ぶ機会としても重要である。また職員が学んだことを利用者にフィードバックすることによって，まだ人の役に立てるという実感をもってもらえると考えた。食事や入浴の時間，各行事などを考慮し，利用者にも職員にも無理のないセッションの計画となるように心がけた。グループは原則的には，閉じられたグループとするが，利用者の家族の方で参加したいという方がいれば，その方にもグループワークの主旨を理解してもらったうえで参加してもらうことにした。

　そして痴呆のある人3名，引きこもりがちな人3名，会話の弾む人2名の合計8名を対象とした回想法による会話主体のセッションを行うことに決まった。毎週土曜日の午後1時間，12回のセッションを設定し，場所はホーム内のミーティングルームとした。

　水谷さんがグループワーカー（リーダー）となり，他の職員が交代でコ・ワーカーをつとめることにした。水谷さんたちは，メンバーの候補者となる利用者に，井戸端会議のように皆で集まって楽しく昔話をしてみませんかと個別に誘った。しり込みする人もいたが，試しにという形でならと，最初に予定したとおりの利用者が参加を決心してくださった。水谷さんたちは，参加者の生活歴に関する記録を読み

返し，歴史年表と参加者の生年月日を見比べながら思い出話しのきっかけづくりとなる写真や音楽を用意したり，グループメンバーの名札や参加簿，記録用紙などを準備した．

ワーカーがグループワークを始めようと考えたときに，最初にすべきことは，計画をしっかりとたてることである．グループの目的，グループメンバーの構成要素，グループの会合の回数，グループの期間，集会場所，グループのサイズ（大きさ）などを決める．グループの目的は，ワーカーが所属する社会福祉施設や機関の方針や目的に沿ったものである必要がある．もしそうでなければ，施設や機関からの認可と支援は受けられない．また通常，グループのサイズとしては，4，5名から15名ぐらいまでが適当と考えられている．

閉じられた（閉鎖的）グループとは，メンバーをあらかじめ固定し，最後の会合までメンバーを入れ替えないグループのことをいう．その一方，開かれた（開放的）グループとは，メンバーの出入りを認め，会合の途中でメンバーが抜けたり，新しいメンバーが入ったりするグループを意味する．閉じられたグループの方が，グループの凝集性（まとまり）は高まりやすい．

(2) 開始期

《事例》回想法グループの開始

初回のセッションでは，他の職員にも協力してもらって，参加を承諾した入所者の方々をミーティングルームにお誘いした．部屋には花を飾り，お茶と羊羹を準備し，静かな音楽を流してお迎えした．

メンバーは，最初何が始まるのだろうと不安げに部屋を見回したり落ち着かない様子だったが，全員そろったところで水谷さんがゆっくりとはっきりとした口調で切り出した．「本日はようこそおいでくださいました．これから12週にわたり，毎週土曜日の午後にこのようにお集まりいただいて，お茶を飲みながら楽しいおしゃべりの時間を過ごしたいと思っています．特に皆さんの思い出話を聞かせて頂きたいのです．というのも人生の大先輩でいらっしゃる皆さんには私達若者が学ぶべきところ，見習うべきところが沢山あるにもかかわらず，普段ゆっくりお話しを伺える機会がないからです．そして何より皆さんがこの集いでまだよくお知りでない方

と親しくなれることを期待しています。そしてホームでの生活をより一層楽しんでいただきたいのです。それでは，すでにお顔見知りの方もいらっしゃるかもしれませんが，自己紹介を順番にしていきたいと思います。私の次は山田さん，安井さんという順番でいきます。では，まず私から」

　こうして，順番に自己紹介が始まり，「○○さんはどちらのご出身ですか」「○○市といえば，××浜が有名ですね．泳ぎはお得意ですか」など時々ワーカーがご当地にちなんだ質問したり，その答えを繰り返して伝え直したり，またその答えに感想を述べたりして進行していった．そして痴呆がある藤原さん（女性，85歳）の番になった．会の最初からすでに落ち着きのなかった彼女は「今日は息子が帰ってくるのでこれで失礼します」といって立ち去ろうとした．ワーカーは「息子さんが来られるまでまだしばらくありますから，ここでお茶を飲んで休んでいってください」と促したが，藤原さんは席を立って出口に向かった．コ・ワーカーの一人が付き添った．それをみて安井さんは小声で「あの人は，まともな頭ではないんだろう．気の毒なもんだ．ああなったら人間はおしまいだ」と発言した．藤原さんの息子さんはすでに亡くなっていた．ワーカーは，返答につまり「息子さんは時々面会に来られていたのですよ」と説明したが，安井さんは「ふん」と不満そうであった．他のメンバーも安井さんの発言で居心地の悪そうな様子であった．なんとか自己紹介が一周して，ワーカーは次回のセッションでグループの名前を決めたいとの予告をしてセッションを終えた．

　ワーカーはセッション後，参加者と個別に接触し感想を聞いてみると，継続して参加を望む人は少なかった．痴呆のある人にとっては，人数が多すぎて複雑だったかもしれない．性急にグループを始めてしまい，そのことでグループメンバーをワーカーが受け入れることができずに，メンバーに不安と不満を残してしまったと反省した．そこでコ・ワーカーとも相談し，痴呆のある人とそうでない人に分けてグループワークをすることにした．まず痴呆のない人たちのグループを始めることにした．そして再度個別にプログラムの説明をして了解を得られたつぎの6名のメンバーで回想グループは始まった．

- Aさん（91歳，女性）戦争で未亡人となる．子どもを養子に出して働く．脳梗塞による右片麻痺があり，車椅子使用．食事は自立．意志の疎通は可能だが離床を嫌がり，ひとりでいることが多い．
- Bさん（86歳，女性）幼稚園の先生として働き，最後は園長であった．視力が弱っていることと四肢に障害がある．意思疎通は可能だが，簡単な受け答えで終わる．
- Cさん（87歳，男性）燃料屋を経営していた．長年商工会の会長を務める．奥さんを20年前に癌で亡くしている．脳梗塞による左片麻痺があり，身体機能の衰えに対して不安がある．車椅子使用で移動，食事など自立している．唯一の男性参加者．冗談をいうユーモアもある．

- Dさん（88歳，女性）父が貿易の仕事をしていたため，裕福な幼少期を過ごす．カナダに滞在していたこともあった．戦争で財産を失う．夫を5年前に亡くす．補聴器を使用．全体に弱っていて移動，排泄など介助を要する．食事はゆっくりであれば自力摂取可能．意志の疎通可能．
- Eさん（79歳，女性）戦争で未亡人となる．小学校の先生をしていた．脳溢血で倒れた後順調にリハビリしていたが，家の階段から落ちて腰を骨折．一時寝たきりとなり現在車椅子使用．ゆっくり時間をかければ意志の疎通は可能．
- Fさん（85歳，女性）家が貧しく幼少期に奉公に出されていた．結婚して農業を営む．自転車に乗っていて転倒し，足，腰を骨折して以来車椅子使用となる．移動，排泄は介助が必要であるが，手先は器用で押し花をつくったり，簡単な刺繍編みが趣味．歌を歌ったり物まねをしてみせたりすることもある．

　期待と不安が入り混じった感情をもってメンバーはグループワークの最初の会合に参加する．「メンバーの中には私と気の合う人がいて，友人になれるかもしれない．楽しみだ」「最近感じていることや考えていることを聞いてもらうことができそうだ」などの期待がある．その一方で，「どのような人たちがグループに参加するのだろうか」「リーダーはどのような人だろうか，いじめられたり，拒否されたりしないだろうか」などの不安ももっている．そのような不安を和らげるため，ワーカーはメンバーを暖かく迎える準備をする．
　開始期においてメンバーの関心は，グループワーカーに集中する．ワーカーはグループの中心にいて，メンバーを迎える，自己紹介する，グループの目的を明確にする，メンバーと契約する，などの役割を果たす．
　開始期のワーカーの技術としては，グループ全体の動きを敏感に察知する，メンバー全員を見回しながら話す，グループの凝集性（まとまり）を高める，メンバーに模範を示す，プログラム材料を使うことなどがある．メンバー全員を見回しながら話す技術は，スキャニング（scanning）と呼ばれ，グループ全体をながめわたしながら，またそれぞれのグループメンバーに視線を合わせながら，グループに話しかけることである．リーダーがメンバーに関心を寄せていることを，メンバーに知らせる効果がある．

グループの凝集性（まとまり）とは，メンバーがグループと同一化し，グループが一致団結する力を指している．凝集性が高いときは，メンバー同士の結びつきが強いことを意味し，メンバーがグループの目的や目標を共有している．また，途中でグループを抜けようとするメンバーがいないか，もしくは少ない．グループに属することに満足感を感じ，目標を達成できる可能性も高くなる．凝集性を高めるためには，「われわれ意識」を作り出すことが必要である．たとえば，グループの名称をみんなで話し合って考える，ワーカーは「わたし」「あなた」「君たち」ではなく，「われわれ」「わたしたち」という表現を意識的に使うことなどである．

メンバーの話を聞いたり，聞いてもらったりする相互交流の機会をできるだけ多く作り出す．ワーカーは，メンバーとメンバーの間につながりをつけ，媒介者としての役割を果たす．相互交流によって，メンバーのあいだで情報が共有され，あるメンバーの感情が他のメンバーによっても受け止められ共感されることになる．

(3) 作業期

《事例》回想法グループの展開

セッションの第2回から第4回までは，ワーカーがもち込む思い出のきっかけとなるものを手がかりに話すことが多かった．たとえばある日ワーカーは洗濯板をメンバーに手渡しながら「これをご存知ですか」と問いかけた．

Cは笑いながら「よくこんなものがみつかったもんだ．どこにあったの」と答えた．

C「昔は今みたいにいい洗剤はなかったから，何でも洗うときは灰を使ったよ．食器でも鍋でも灰をこすりつけてね」

ワーカー「それでは逆に黒く汚れてしまいそうですね．灰はどこからもってくるんですか」

C「風呂を沸かしたり，飯を炊くのに薪を燃やすから，手に入れるのに苦労はないさ．薪を準備するほうが大変だよ」

F「薪を燃やすっていったって，今の人には想像もできないだろ．水谷さんは自分で火を起こせるかい」

すると燃料屋を経営していたCは火をつける手順を身振り手振りでみせてくれた。そして話は共同の井戸から水をくみ上げる話，中を覗き込むのが怖かったこと，飼っていた家畜のことなどへと発展した。ワーカーには珍しい話ばかりだったので，「どうやって」「なぜ」など開かれた質問が自然に口をついてでて，メンバーが口々に答えるというようにワーカーが指名しなくても会話が弾むようになっていった。
　次第にメンバーは自分の体験を積極的に語るようになっていったが表面的な話が多く，雰囲気も必ずしも和気あいあいというわけではなかった。それはDが他人の話に割り込んで，暮らし向きの良かったときのことばかり話すので，それが他のメンバーには自慢のように聞こえて，彼女が話すとしらけたような空気になるからであった。参加メンバー唯一の男性Cは，そんなDに少し好意を抱いているようだったが，それがまた他のメンバーには面白くないようなのであった。また，比較的生活史の似ているBとE，AとFは仲良くなって席も隣同士で座ることが多かったので，Dは少し孤立していた。
　ある時もDが「怠け者の女中に母が暇を出した」というと会話が途切れ，気まずい沈黙が流れた。ワーカーはあえてしばらく黙っていると，Fが何か発言したそうだったのでワーカーは発言を促した。ひと呼吸おいてFは，自分の奉公先の主人や家族はとても親切で，そのときに教えてもらった弁当を自分の子どもに作るととても喜んだ，と話した。ワーカーは「まあ，どんな中身だったんでしょう。娘さんたちが喜ばれて，Fさんも嬉しかったでしょうね」というと，Fはにっこりと微笑んだ。そして話題は，お弁当の思い出や戦中戦後の食糧難時代に移っていった。Dはもうつまらなそうな表情をしていた。
　ワーカーはセッションの後，個別にFに会って「途中気を悪くされたかと思ったけど，話題を広げてくださってありがとう」と伝えた。Fは生まれる境遇は選べないし，せっかくだから土曜日は楽しみたい，と微笑んだ。一方Dは，もっと話を聞いて欲しい，人から注目されたいと望んでいるが，戦後の生活が苦しくなってからのことはあまり話したくなかった。そのことをワーカーは汲み取って，Dの居室を訪ね，個別に好きな話題について聞いた。すると，それ以降Dは，他のメンバーの話に割り込まずに耳を傾けるようになった。このころからセッションの開始より少し前に来て，座席の準備を手伝ったり，飾りの花やお菓子をもってきてくれるメンバー（時には家族）が現れるようになった。
　セッション10回目，Cは大事そうに1枚の写真をもってきた。結婚式の写真であった。Cはにやりと笑って，結婚当時の美しい奥さんを自慢したそうだった。メンバーは興味を示し，口々に写真をみたいといい，写真は大事そうにそうっと手から手へ渡されてみんなが眺めた。ワーカーはその様子から，Cの思い出をメンバーが尊重しているのをみてとった。メンバーは当時珍しかった洋装のウエディングドレスをほめ，奥さんの人柄を想像し，Cの表情をからかったりした。
　Cは奥さんについて語り始めた。奥さんは再婚で継子がいたこと，2人で事業を

起こして一生懸命働いたこと，少しばかり暮らし向きが良くなってあちこち2人で旅行したことなどを話し，そして最後に，「本当に仲良く力を合わせてやってきたが，わしより先にいくとは思いもよらなくて」と声が小さくなった．
　ワーカーの「奥様はご病気で亡くなられたのでしたね」という問いかけにCは黙ってうなずき，グループの中にはしばらく沈黙が流れた．しかし，それは気まずい沈黙ではなく，誰もが親しい近親者を失ったときの深い悲しみを思い出し，Cの思いと重ね合わせているようなものだった．
　再びCさんは口を開き「ばあばの遺言だったからキリスト教式の葬式にした．日曜には教会に行くようにいわれたから，わしは寝たきりで動けなくなるまで教会に行くよ．ばあばが喜ぶからね」
　Eは，「奥さんとの思い出が一杯あって幸せだったわね」と静かに励ました．そういうEは，戦争で夫を亡くして女手ひとつで子どもを育て上げたのだった．Eの発言にAもDもうなずいていた．
　その日の回想は，失った近親者への思いを共有するものとなり，会話が活発で弾むというよりは発言者の話しに耳をかたむけ，発言者の感情に寄り添うようなメンバー間の思いやりが感じられるようなものとなった．

　作業期は，グループが目標の達成に向かって，メンバーのいろいろな課題に取り組んでいく段階である．グループが始まると，ワーカーとメンバーで，グループの秩序を保つための規範やメンバーがグループの中でとるべき行動のルールなどが作られていく．ルールが作られてしばらくすると，それぞれのメンバーがグループの中で異なる役割を果たすようになる．グループをリードする人，アイディアを出す人，楽しい話をしてグループの雰囲気を和ませる人，意見が対立すると仲裁にまわる人などである．
　グループ全体で共通の課題に取り組んだり，各メンバーの問題や課題にメンバー同士が共通性を見いだすことにより，メンバー間の関係が強くなり，グループへの信頼感が増す．またメンバーは個人的なことをグループの中で話すようになり，他のメンバーのことも知りたいというニーズが強くなる．感情の表現が自由になり，メンバー間の交流が活発になる．グループの中でそれぞれのメンバーが，一個人として受け入れられるようになり，メンバー間の感情的な交流が増してくると，やがてメンバー同士がお互いに援助し，援助されるよう

になる．

　作業期のワーカーの役割は一定ではない．開始期のワーカーは，グループの中心にいて指揮をとっていたが，作業期においてはグループの周辺にいて，助言者または顧問のような役割をとり，グループが発展するように，グループに必要な社会資源を供給したり，助言したりする．メンバーたち自身がグループを管理し，グループを動かしていけるようにできるだけ機会を与える．この事例において，Dの発言によりメンバー間に気まずい沈黙が流れたときも，ワーカーはあえて黙って，メンバーの自発的な発言を促すようにした．メンバー間で悪質な勢力争いが起こったり，メンバーの一人が除け者になるようなとき，またはグループに活気がなく機能が落ちているときは，必要に応じて中心的な位置に戻り，グループの目標を明確にし，契約を見直す必要があればメンバーたちと話し合い，再契約をする．グループがメンバーの相互援助のもとに軌道に乗り出すと，ワーカーはふたたびグループの周辺に戻り，助言者のような役割をつとめる．

(4) 終結期

《事例》回想法グループの終結

　11回目のセッションの終わりにワーカーは「来週でこの集まりは最終回になります」と伝え，「来週は私達の集まりを振り返ってみませんか」と提案し，メンバーは了承した．

　最終回，ワーカーは「私達はこの3カ月間，本当に楽しい時間をここで過ごしてきたと思いますが，いかがでしたでしょうか」とたずねた．Cが最初に口を開き，「最初は誘われて断るのもわるいからと思って参加したが，普段人には聞いて貰いにくいことを話せて楽しかった．なんとなく早く土曜日がくればいいが，という気にさせられたよ」と発言した．他のメンバーもうなずいた．

　ワーカーは12回のセッションで，ひとりの欠席者もなかったことを伝え，自分達の成し遂げたことを評価した．そしてワーカーが「参加してどんなところがよかったですか」とたずねるとDは，「食堂ではできるだけ早く食べようと気を遣うけど，ここではおしゃべりをしながらおいしいお茶とお菓子をゆっくりいただけるのが楽しみだった」と答えた．一方Bは，「この先どうすればいいのかわからない」と不安

を訴えた．するとEは，「でも私達がこれからは困ったときはお互いさまで心配できるじゃない」とBを励ますようにいった．

ワーカーは，メンバー同士がフロアーで挨拶を交わしたり，食堂で隣同士に座っているところを何回か見かけたことをあげ，お互いが親しくなるという目標を達成したのではないか，といった．そしてワーカーは，メンバーの思い出を共有することができ，自分自身が励まされたと率直に述べた．メンバーは，若いワーカーを暖かくみつめていた．

ワーカーが「これからホームでの生活をどのように送りたいですか」とたずねると，はっきりと何かをしたいという発言は少なかった．しかし，グループを通して仲間ができたので，散歩をしたり話をしたりするのは，グループが終わってもできることだとメンバーは表明した．Cは，今ホームに建て替えの話が持ち上がっていることを話題にし，「今度の居室はどうなるのか，生活にどう影響するのか，不安と期待がある．できればいろんな入所者の意見を聞いて，それが活かされる建て替えであってほしい」と発言した．ワーカーはホームには自治会があるので，そうしたところでCや他のメンバーが活躍できる場もあるのではないか，と提案した．Cとメンバーの幾人かは，そうした活動にも機会があれば参加したいと意欲をみせた．名残惜しそうにするメンバーもいたが，ワーカーはグループがまた必要であれば，そのときまたお会いすることにしましょう，といってセッションを終えた．

その後水谷さんは，職員会議でグループワークの様子と入所者に起こった変化を報告した．そしてグループワークをホームのサービス事業計画に盛り込み，次年度には予算をつけてもらいたい，と考えている．

グループが終結を迎えるのは，つぎの3つの場合である．①予定していた期間，回数が終わったとき，②グループの目標が達成されたとき，③メンバーの多くが脱退したり，メンバーの目標が一致しなかったりして，グループの継続が困難になったとき，である．いままでグループの周辺にいたワーカーはふたたびグループの中心に戻り，グループがうまく終結を迎えることができるように援助する．

終結期においてはメンバーのあいだに，否定，怒り，さよならパーティ，巣立ちなどのさまざまな反応があらわれる[9]．あるメンバーはグループの終わりが近づくとグループでの経験を否定するかもしれない．またあるメンバーは，グループが終わることに直接的または間接的に怒りを示すかもしれない．グルー

プが終結するときは，たいていさよならパーティが開かれる．あるメンバーは，新しいグループに入会したり，新しい活動を始めるなどの巣立ちの準備を始める．その反対にあるメンバーは，グループが終わる前にグループを去ったり，敵意をみせたりする．

終結期のワーカーの役割として，個人の感情を分かち合う，グループの経験を評価することがある．またワーカーには，メンバーがグループの終結から新しい経験へと移行できるようにすることが求められる．

生活施設の職員にとっては，メンバー（利用者）がグループ終了後も，グループワークで得られた成果（たとえば，他の利用者と親しくなった，俳句を詠むことが楽しみになった，など）を継続していけるように援助する．またグループワークの際に得られたメンバーについての情報を，グループワークが終わったあとの日々の関わりに活かすことができる．

④ 地域への援助と社会福祉援助技術

《事例》福祉のまちづくりと社会福祉協議会

福祉のまちづくりという言葉を聞いたとき，どのようなイメージを抱くだろうか．わが国の福祉のまちづくりは，生活圏の拡大や自立生活の確立などをめざした障害のある人びとによるまちづくり運動からはじまり，その後，地域で生活するすべての人が安心して暮らせるまちづくりの運動へと発展していった．その思想的背景には，障害のある人もない人もどのような人も地域で共に暮らし，平等に生活するというノーマライゼーションの考え方がある．

このような福祉のまちづくりの具体例として，政策立案における高齢者や障害のある人びとの参加，都市計画におけるバリアフリー思想（物理的・心理的・社会的・制度的な障壁の改善）やユニバーサルデザイン（誰もが利用できる製品・建物・空間・サービス・システムなどの設計）の導入などをあげることができる．

一方，地域福祉の分野でも，福祉のまちづくりと類似した「誰もが安心して暮らせるまちづくり」という理想的目標を示す場合が多い．たとえば，地域で生活する人びとによる主体的な福祉活動の具体的目標が「自分達が生活する地域に共通する福祉課題を明らかにすること」や「支援を必要とする人びとのニーズを把握すること」であるならば，「誰もが安心して暮らせるまちづくり」は，そのような具体的目

標の先にある理想的目標（地域の将来像および地域福祉活動の方向性）を示している．

ところで，地域福祉の分野は，地域で生活する人達による主体的な福祉活動（地域福祉活動）と行政機関（特に市区町村）や福祉・保健・医療関係の施設・機関による各種支援（サービス提供，ボランティア活動の支援など）で成り立っている．そのなかでも，前述した地域福祉活動を支援し，同時に支援を必要とする人びとにサービスを提供している基幹的専門機関が社会福祉協議会である．

社会福祉法第107条で規定されているように，社会福祉協議会の基本的役割は「地域福祉の推進」である．したがって，「誰もが安心して暮らせるまちづくり」という理想的目標は，社会福祉協議会が推進する地域福祉の方向性を示しているともいえるだろう．

また，社会福祉協議会には，全国社会福祉協議会や都道府県社会福祉協議会，市区町村社会福祉協議会などがある．そのなかでも地域で生活する人びとと密接にかかわっている専門機関が市区町村社会福祉協議会である．

そこで本節は，市区町村社会福祉協議会（以下「社協」という）の実践事例をとおして，地域への援助と活用される援助技術および地域福祉における支援機関と支援者の役割について学習する．

1　市区町村社会福祉協議会中心の取り組みと社会福祉援助技術

(1)　市区町村社会福祉協議会（以下，社協と略称）の地域福祉活動計画と事業計画

《事例》ボランティア・コーディネーターの戸惑い

A町社協が公民館でボランティア講座を開催した．ところが定員40人の講座に参加者は5人しか集まらなかった．毎年，同じ時期に開催しているはずなのだが……と担当職員のボランティア・コーディネーターは困惑してしまった．

社協は，「地域福祉の推進」を図るために，さまざまな事業を行っている．その事業内容は，地域特性（人口規模や住居環境など）や組織の規模（職員数など），行政（市区町村）からの委託事業数などによって異なるが，以下のような共通点をもっている．

表3-6　市区町村社会福祉協議会におけるマネジメント（管理・経営）と社会福祉援助技術

マネジメント（管理・経営）のプロセス（過程）	活用される主な社会福祉援助技術
調　査	社会福祉調査法，個別援助技術，集団援助技術，地域援助技術，ケースマネジメント，社会福祉の運営と計画の技術
計　画	ケースマネジメント，社会福祉の運営と計画の技術
実　施	個別援助技術，集団援助技術，地域援助技術，ソーシャルアクション，ケースマネジメント，社会福祉の運営と計画の技術
評　価	ケースマネジメント，社会福祉の運営と計画の技術
改　善	ケースマネジメント，社会福祉の運営と計画の技術

備考）本表は各年度における事業のマネジメント（管理・経営）を想定している．
出典：筆者作成

- 特定の行政地域（市区町村）を事業の活動範囲とし，その行政地域内で生活する人びとを支援する場合が多い（例外として，他の市区町村社協と共同で取り組む広域事業がある）．
- 「地域福祉の推進」を図るために，次のような共通した事業の柱をもっている．
    ①　支援を必要とする人びとへのサービス提供
    ②　支援者（ボランティア，地域福祉活動実践者，民生委員児童委員など）への支援および連携
    ③　地域福祉を主体的に推進する人材の学習支援（福祉教育などの支援）
    ④　関係機関・団体との連絡・調整および連携
- 地域援助技術（コミュニティワーク）とは，地域のさまざまな社会資源（サービスや人など）のコーディネーション（連絡・調整）・マネジメント（管理・経営）・ネットワーキング（意図的な働きかけによる結びつき）で個人または地域のニーズを充足する援助技術であるが，宮城（1997年）は，社協職員を「特に対象や機能を限定しないで地域住民のニードに即応した援助過程を展開するコミュニティワーカー」すなわち「一般コミュニティワーカ

ー」と位置づけ，具体的な専門職種として福祉活動専門員やボランティア・コーディネーターをあげている[10]．

このうち福祉活動専門員は，地域における福祉活動を推進するため，調査，広報・啓発，関係者・関係機関の連絡・調整，実践活動の支援などに従事する専門職種である．また，ボランティア・コーディネーターは，ボランティア活動のコーディネーション（連絡・調整）や啓発，ボランティアの育成などに携わる専門職種である．さらに，福祉活動専門員やボランティア・コーディネーターをはじめとする社協職員は，地域援助技術（コミュニティワーク）のみならず，事業内容や支援の場面に応じて，さまざまな社会福祉援助技術も活用する．

以上の点から，この事例におけるボランティア講座という事業は「支援者の育成」と「支援者への支援」を目的としていることが理解できる．

では，この事例で参加者が集まらなかったのは何故だろうか．それは，A町社協が事業の計画とマネジメント（管理・経営）を重視していないためである．

表3-6からもわかるように，社協は，適切な事業の計画とマネジメント（管理・経営）および社会福祉援助技術の活用をとおして，効果的・効率的な「地域福祉の推進」を図ることが重要である．

また，社協の計画には，長期計画と短期計画がある．このうち，その地域の福祉に関する将来のビジョンと方向性を示す長期計画が地域福祉活動計画である．一方，短期計画には各年度の事業計画がある．この事業計画の目的は，長期計画と各種調査結果に基づき，事業を計画立案・実施することである．

そして，社協の長期計画と短期計画に共通する点は，適切なマネジメント（管理・経営）を行うことであり，その基本的な過程は「調査―地域アセスメント（事前評価）―計画―実施―事後評価―改善」である．

さらに長期計画（地域福祉活動計画）のマネジメント（管理・経営）では，主に地域の福祉に関する将来のビジョンと方向性（「誰もが安心して暮らせる

まちづくり」など）と社協の組織経営が重視される．それに対して短期計画（各年度の事業計画）は，各事業の「調査―地域アセスメント（事前評価）―計画―実施―事後評価―改善」という過程が重視される．

したがって，ボランティア講座に参加者が集まらなかったA町社協の事例は，①調査に基づき地域アセスメント（事前評価）を行い計画を立案する，②計画に基づき事業を実施する，③実施後は事業を評価し，効果や課題などを明らかにする，④効果の低い事業は改善・廃止する，といった過程を軽視した結果といえるだろう．

ところで，前述した計画の過程は「調査」からはじまる．その「調査」で主に活用される援助技術が社会福祉調査法である．社会福祉調査法は，人びとのニーズを充足できる社会システム構築に向けた基礎的データの収集・分析が主な目的であり，調査対象地域において科学的・客観的な資料を収集する社会調査の応用技術といえる．

社協が社会福祉調査法を活用する場合は，地域社会における生活上の問題を把握し，住民主体による問題解決策を明確化する地域診断が目的となる．その場合，既存データの収集・分析を併用することが的確な問題把握と問題解決に結びつく．また，社会福祉調査法は以下のように分類することができる．

- 調査目的による分類
  ① 基礎資料の収集：定期的に実施される基礎的統計調査や各種事業の実績調査などで，調査対象の基礎的データを収集・分析することが目的である．
  ② 問題解決の明確化：ニーズ把握と課題発見を目的とした調査で，社会福祉サービスの実施・改善や施設整備などを計画する際に用いられる．
  ③ 理論構築：主に専門の研究機関や研究者が実施する調査で，対象となる事象を調査・分析し，理論構築を図ることが主要な目的である．
- 調査対象範囲による分類
  ① 全数（悉皆）調査：母集団（調査対象全体）の構成員すべてを調査する方法で，母集団に関する信頼性の高いデータを得ることができる．反面，

調査に要する時間・経費などの面で負担が大きい．
② 標本調査：母集団（調査対象全体）の構成員から無作為に抽出した対象者を調査する方法である．再現可能な統計調査の手続きと方法により，母集団を代表するデータを得ることが可能である．全数（悉皆）調査と比べて，時間・経費などの負担も軽減される．

- 調査方法による分類
  ① 統計調査法による調査技術（統計調査）：統計調査では，調査者が作成した調査票（質問紙）を対象者に配布し，回答を依頼する質問紙法が用いられる．質問紙法には，回答者自身が記入する自記式（郵送調査法，留置［配票］調査法，集合調査法）と調査者が回答者への質問をとおして記入する他記式（個別面接調査法，電話調査法）がある．
  ② 事例調査における調査技術（事例調査）
      - 自由面接法：調査対象者の会話内容や話題に合わせて質問を変化させながら，情報収集する調査である．この方法は，データの一般化や他の事例と比較することが難しい．そのような短所を改善するため，質問紙法よりも調査対象者が自由に回答しやすい半構造化インタビュー（調査目的に基づく質問項目で構成されたインタビュー・ガイドを活用する）などの方法も考案されている．
      - 観察法：調査対象の視覚データを収集する方法が観察法である．観察法には，調査者（観察者）が調査対象（人物・地域など）の行為・活動・出来事などに参与者として調査対象側から理解する参与的観察法，調査者（観察者）が一定の距離を置いて調査対象の外部から理解する非参与観察法，そして調査者（観察者）が事前に調査手続きを設定したうえで調査対象を観察する統御的観察法がある．

以上のような方法で得られた調査結果は，それぞれの調査方法に適した整理・分析を行う必要がある．

統計調査の質問紙法（アンケート調査など）では，調査結果について，①

回答内容のチェック（有効票と無効票の分類，標本調査における回答者の代表性の確認など），②自由回答項目のコーディング（類似した回答内容を同一カテゴリーにまとめて数字のコードを付ける），③質問項目別の単純集計（度数分布表の作成など），④二つの質問項目間のクロス集計，⑤統計的仮説検定や質問項目の独立性に関するχ^2（カイ2乗）検定（χ^2分布を用い，母集団を想定しないノンパラメトリックな統計的仮説検定法），⑥多くの質問項目における多変量解析などの整理・分析が行われる．

一方，事例調査では，データの図表化，KJ法（主に文章データを類似したカテゴリーにまとめて単位化する），グラウンデッド・セオリー法（データに基づく理論開発を目的としている）の理論的コード化，質的内容分析（既存の理論やカテゴリーに基づくコード化）などをとおして，調査結果の整理・分析が行われる．

(2) 小地域福祉活動の支援

《事例》PR活動と住民集会への参加

　B市社協で働く福祉活動専門員は，日常生活圏で住民相互が支援する小地域福祉活動の推進事業を担当している．福祉活動専門員を中心とした地域福祉担当部署の職員達は，4月当初から町内会や民生委員児童委員協議会，ボランティアなどにチラシ配布や口頭説明などで小地域福祉活動をPRしてきた．

　7月のある日，市内C町の町内会長から詳しい話を聞きたいという連絡があった．そこで職員達は，指定された日の夜，C町内会の集会室を訪れた．部屋には町内会長の他，民生委員児童委員やボランティア，関心をもった地域の人びとなど15人が出席していた．小地域福祉活動に対する社協の支援について説明した後，職員達は参加者一人ひとりから意見を聞いた．そして数週間後，B市社協に，C町の人びとから小地域福祉活動の組織を立ち上げるという連絡が入った．

　この事例で取り上げた小地域福祉活動の推進事業は，「地域福祉の推進」という社協の基本的役割と直結した取り組みである．そして多くの社協は，地域の特性や地域で生活する人びとのニーズに基づき，多種多様な小地域福祉活動

の推進事業を展開している．

　一方，すべての社協に共通する鍵概念がある．その中でもとくに基本理念といえるものが福祉コミュニティである．ここでいう福祉コミュニティは，日本の地域社会が地縁・血縁中心の伝統的共同体から個人中心の社会へと変容していくという前提に基づき，地域で生活するすべての人びとが新たな共同体（コミュニティ）意識を共有し，地域の福祉問題を主体的に解決していく状態（または環境）をいう．つまり，福祉コミュニティとは，地域で生活する人びとが，自分達の福祉のために行動する住民参加・住民自治・住民主体の共同体といえるだろう．

　また，福祉コミュニティにおいては，地域住民相互の支援網（インフォーマル・サポートネット）および公的機関による社会福祉サービスの安全網の機能が重要である．換言するならば，支援を必要とする人の家族や近隣の人びとなどによる支援（インフォーマルなサポート・システム）と社会福祉施設などの公的機関による支援（フォーマルなサポート・システム）が連携している状態，すなわちソーシャルサポートネットワークが福祉コミュニティの機能として重要になる．

　そして，ソーシャルサポート・ネットワークを構築するためには，それぞれのソーシャルサポート（インフォーマルなサポート・システムとフォーマルなサポート・システム）を結びつけること，すなわちネットワーキングが必要になる．そのような個人または地域の福祉に関するニーズを充足するネットワーキングの推進も，社協の大切な役割といえるだろう．

　事例で取り上げた小地域福祉活動の推進事業は，日常生活圏（小地域）を基盤とした住民相互の支援網（インフォーマル・サポートネット）づくりである地域組織化と結びついている．また，前述した社協による関係機関・団体との連絡・調整および連携は，社会福祉施設などの公的機関による支援（フォーマルなサポート・システム）のネットワーキングである福祉組織化と結びついている．

ところで，社協が推進する小地域福祉活動は，誰が主体的に実践するのだろうか．事例で示したように，活動の実践者は，その地域で生活する人びと自身である．特に町内会の役員や民生委員児童委員（以下「民生・児童委員」という），ボランティア，関心をもった地域の人びとなどは重要なキーパーソンといえるだろう．

以上のことからもわかるように，社協は小地域福祉活動の実践者の支援という役割を果たすことになる．その際，福祉活動専門員をはじめとする社協職員は，前述したように，地域援助技術（コミュニティワーク）だけでなく，支援の場面やプロセス（過程）に応じて，個別援助技術（ケースワーク）や集団援助技術（グループワーク），ケースマネジメントなどを活用する．

白澤（1992年）[11]によれば，ケースマネジメントの過程は「①入り口（entry）→②アセスメント→③ケース目標の設定とケア計画の作成→④ケア計画の実施→⑤要援護者およびケア提供状況についての監視およびフォローアップ→⑥再アセスメント→⑦終結」であり，支援の対象を「ニードが重複しているために一つ以上の社会資源を必要としている人」で「それらの社会資源の利用方法を知らない人」と位置づけている．

社協職員がケースマネジメントを活用する場合は，個人の福祉に関するニーズだけでなく，地域の福祉に関するニーズも対象となる．したがって，社協におけるケースマネジメントの過程は，支援を必要とする人（個人）への各種支援（ケアやサービス提供など）だけでなく，地域全体（その地域で生活する複数の人びと）への支援も重要な取り組みとして位置づけられる．

また，事例の冒頭でB市社協の職員が取り組んだ小地域福祉活動のPR活動も，単純な広報啓発活動として取り組むのではなく，前述したマネジメント（管理・経営）の一環として展開することが重要である．換言するならば，社協のPR活動は，組織の使命に基づき，個人または地域の福祉に関するニーズを充足するためのマーケティングの一環として位置づける必要がある．

さらに，事例で取り上げた社協の取り組み（小地域福祉活動の推進による地

域組織化）は，地域で生活する人びとの主体的な福祉活動が社会福祉制度・政策・サービスの改善・創設をめざす活動に進展する可能性もある．そのような過程で社協職員は，援助技術として社会活動（ソーシャルアクション）を活用する場合がある．

社会活動（ソーシャルアクション）とは，地域で生活する人達や支援を必要とする人びとなどが主体的に社会福祉制度・政策・サービスの改善・創設をめざす活動である．そのような社会活動（ソーシャルアクション）に対して，福祉専門職（事例ではB市社協の職員）は，地域援助技術（コミュニティワーク）などのさまざまな社会福祉援助技術を活用しながら支援する．

また，社会活動（ソーシャルアクション）を支援する福祉専門職は，状況に応じて活動主体（地域で生活する人びとや支援を必要とする人びとなど）と制度・政策立案者やサービス提供者（行政機関や社会福祉施設・機関など）のコーディネーション（連絡・調整）を行う．さらに，社会活動（ソーシャルアクション）では，福祉専門職が活動主体の代弁者的役割（アドボカシー）を担う場合もある．

2 ボランティア活動の支援

《事例》ボランティア・コーディネートとボランティア学習

D町社協で働くボランティア・コーディネーターは，ある日，ボランティア活動を希望する人から相談を受けた．ボランティア・コーディネーターは話を傾聴すると，希望する活動内容や時期などを記録し，後日，希望に沿った活動を紹介すると約束した．

数日後，町内の特別養護老人ホームから外出行事に参加するボランティアを紹介してもらいたいという依頼があった．ボランティア・コーディネーターは，相談を受けた活動希望の人に特別養護老人ホームの活動を紹介し，その人は外出行事のボランティア活動に参加した．

それから3カ月後，D町社協は介護技術講座を開催した．その講座には特別養護老人ホームの外出行事に参加した人も受講していた．ボランティア・コーディネーターが声をかけたところ，その人は現在も継続して特別養護老人ホームでボランティア活動を行っているという．今回は，自分の介護技術を向上させるために講座を

受けたという話であった．

　社協によるボランティアの育成とボランティア活動の支援は，「地域福祉の推進」を図るうえで重要な事業といえる．特に，ボランティアが必要な依頼者（社会福祉施設など）と活動希望者を結びつけるボランティア・コーディネーターは，この事業に必要不可欠な存在である．
　事例からもわかるように，ボランティア・コーディネーターの業務は相談受付からはじまることが多い．そのような相談援助の場面では，主に個別援助技術（ケースワーク）を活用する．また，ボランティアが必要な依頼者（社会福祉施設など）と活動希望者のコーディネーション（連絡・調整）および支援の過程では，ケースマネジメントを活用することもある．
　一方，ボランティア団体の活動を支援する場合，ボランティア・コーディネーターは，団体のメンバー一人ひとりが実践向上と自己実現を図り，支援を必要とする人びとのニーズを効果的・効率的に充足できるように集団援助技術（グループワーク）やケースマネジメントを活用する．また，ボランティア活動と地域福祉活動が連携する場面では，地域援助技術（コミュニティワーク）も活用する．
　ところで，事例のように社協が介護技術講座を開催する場合は，家族の介護にかかわる人びとの介護技術向上だけでなく，いわゆる当事者の組織化を目的にしている場合が多い．しかしながら，事例に登場する人は，ボランティア活動に必要な介護技術の向上が受講する理由であった．
　このようにボランティアが自分自身の技術（スキル）向上を目的に受講する場合，介護技術講座は，ボランティア活動をとおして自己実現を図るボランティア学習と結びつく．したがって，ボランティア活動に必要な技術（スキル）向上を目的とした社協主催の講座（手話や点字，ガイドヘルプなどの知識習得や技術向上を目的とした学習の機会）は，ボランティアの育成だけでなく，ボランティア自身の自己実現を支援することにもなる．

3 共同募金と福祉教育の支援

《事例》学校教育の支援

　E市社協で共同募金の受託事業を担当する職員（庶務担当部署所属：事例の担当職員は庶務担当部署所属となっているが，組織規模や組織体制の違いから，「共同募金支会」の受託業務を担当する職員の所属部署は社協によって異なる。）は，毎年，市内の小中学校に共同募金の協力を依頼していた。

　ある日，担当職員が市内のF中学校を訪れた時，校長からパンフレットを手渡された。それは，E市社協の福祉活動専門員（地域福祉担当部署所属）が校長会で配布した福祉教育の支援に関するパンフレットだった。校長は，パンフレットに掲載された社会福祉協議会の支援内容を詳しく聞きたいと共同募金の担当職員に要望した。

　翌日，共同募金の担当職員から連絡を受けた福祉活動専門員がF中学校を訪れ，学校で取り組む福祉教育の支援内容について説明した。校長は，特別活動で福祉体験学習を取り入れたいと要望し，担当教員が後日，E市社協を訪問することになった。福祉活動専門員は，担当教員の訪問日にあわせて福祉体験学習を支援するボランティアにも集まってもらうよう同じ係のボランティア・コーディネーター（地域福祉担当部署所属）と連絡・調整した。

　社協は，各都道府県共同募金会（社会福祉法人）から共同募金に関する事業を受託し，「共同募金支会」という組織名で事務を行っている。募金活動は「赤い羽根共同募金」と「歳末たすけあい募金」という名称で毎年1回（10月から12月）実施されており，寄付金は「地域福祉の推進を図るため」（社会福祉法第110条），地域の各種社会福祉事業に配分される。

　社会福祉法で規定された上記の目的からもわかるように，共同募金と社協の活動はかかわりが深い。何故ならば，1947（昭和22）年に施行した日本国憲法施行第89条（公の財産の支出及び利用の制限）にともなう民間社会福祉事業への公費支出停止を解決する方法として誕生した共同募金は，運営主体である中央共同募金会（社会福祉法人）と各都道府県共同募金会が，全国社会福祉協議会や各都道府県社会福祉協議会，社協（市区町村社会福祉協議会）と連携しながら活動してきたからである。

具体的な共同募金の活動には，学校募金や街頭募金，各家庭を対象とした戸別募金，各事業所を対象とした職域募金がある．

事例にもあるように，「共同募金支会」の受託業務として，社協の担当職員が学校や事業所を訪問し，依頼することもある．また，街頭募金では，民生・児童委員をはじめ地域福祉活動にかかわる人びとが協力している．さらに戸別募金では，町内会などの地域団体が協力して，各家庭に募金をよびかけている．

事例の場合は，学校を訪れた共同募金の担当職員が，同じE市社協の福祉教育に関する相談を受けている．このように社協の仕事は，担当が異なる事業についても相談援助することが多い．地域という共通基盤のうえで事業展開する社協は，支援対象や業務の違いによって専門分化した社会福祉サービスと異なり，地域で生活するすべての人びとを対象にしているからである．

事例では，共同募金の担当職員と福祉教育の担当職員（福祉活動専門員）が情報の共有化を図り，「福祉体験学習の支援」という中学校のニーズに対応することができた．

前述したように，社協は「地域福祉を主体的に推進する人材の学習支援」を事業の柱としている．その具体策の一つが福祉教育の支援である．

福祉教育は，学習者が福祉に関する問題や課題を体験的に学ぶ教育実践である．その目的は，学習者が主体的な地域福祉活動実践者として成長することにある．

事例のように，学校が取り組む福祉教育の福祉教育だけでなく，社協の支援は，地域の公民館などで取り組む場合や，地域全体を学習の場とすることもある．いずれの場合も，社協職員は学習者の主体性を尊重し，ニーズに応じた学習支援を行う必要がある．

また，事例のように教育機関の相談援助だけでなく，地域で生活する人びとから個別に福祉教育の相談を受ける場合もある．そのような相談援助の場面で，社協職員は，的確なニーズ把握のために個別援助技術（ケースワーク）を活用する必要がある．さらに他の事業と同様，福祉教育の支援においても，事業の

マネジメント（管理・経営）および関係者・関係機関とのコーディネーション（連絡・調整）は重要な取り組みである．

4 福祉サービス利用援助事業

《事例》都道府県社会福祉協議会や関係者との連携

　ある日，H県内のG村社協に民生・児童委員が来訪した．担当地域に住むひとり暮らしの高齢者から預金通帳を預かってもらいたいと頼まれ，対応に苦慮しているという．そこでG村社協の職員は，H県社会福祉協議会（以下「H県社協」という）が運営する福祉サービス利用援助事業の担当職員に相談した．

　H県社協の担当職員は，I市社協に所属する福祉サービス利用援助事業の専門員に連絡した．I市やG村などの近隣市町村を担当する専門員は，G村社協の紹介により，福祉サービス利用援助事業の利用を希望する高齢者と面接することになる．

　利用を希望する人の自宅で行われた面接には，専門員の他に担当の民生・児童委員も同席した．専門員が話を傾聴したところ，本人は預金通帳を預かる「財産保全サービス」だけでなく，生活支援員がサービス利用の手続きなどを支援する「福祉サービス利用援助」や日常的な金銭管理を支援する「財産管理サービス」も希望していることがわかった．専門員は本人のニーズに基づき支援計画を作成し，再び利用を希望する人の自宅を訪問した．支援計画を提案した専門員は，支援計画の案に対する本人の要望を傾聴し，支援計画の修正を行った．

　本人が支援計画の内容を了解した後，H県社協の福祉サービス利用援助事業に関する契約締結審査会（月1回開催）で，今回の支援計画が検討された．その結果，専門員と面接した人は契約内容を理解していることが確認され，本人とH県社協の間で福祉サービス利用援助事業の契約を締結することとなった．また，契約締結審査会では，本人が後期高齢者であり，将来，判断能力が低下することも想定されるため，成年後見制度（任意後見制度と法定後見制度）を紹介してはどうかという意見も出た．そして，今回の支援内容は，契約を締結してから1年後に再評価することとなった．

　社会福祉法（第2条・第60条）で規定された社会福祉事業には，サービス利用者の保護の必要性が高いため，国や地方公共団体，社会福祉法人の経営を原則とする第一種社会福祉事業と，公的規制の必要性が低く，経営主体に制限がない（つまり届出によって事業経営が可能な）第二種社会福祉事業がある．

　第二種社会福祉事業に該当する福祉サービス利用援助事業は，都道府県社会

福祉協議会が実施主体となり，精神障害や知的障害，痴呆など「精神上の理由により日常生活を営むのに支障がある者に対して，無料または低額な料金で，福祉サービスの利用に関し相談に応じ，および助言を行い，ならびに福祉サービスの提供を受けるために必要な手続または福祉サービスの利用に要する費用の支払に関する便宜を供与することその他の福祉サービスの適切な利用のための一連の援助を一体的に行う」事業である（社会福祉法第2条第3項第12号）。

また，地域福祉権利擁護事業という名称の場合は，上記の福祉サービス利用援助事業だけでなく，福祉サービス利用援助事業に従事する職員の資質向上を図る事業および福祉サービス利用援助事業の普及・啓発に関する事業も含まれる。

事例の場合，福祉サービス利用援助事業の実施主体であるH県社協は，初期相談（インテーク）を担ったG村社協の職員ではなく，近接したI市社協の専門員に訪問面接を依頼している。

このように福祉サービス利用援助事業では，実施主体の都道府県社会福祉協議会が事業の一部を社協に委託することができる．受託した社協は「基幹的社会福祉協議会」として位置づけられ，福祉サービス利用援助事業に関する研修を受けた「基幹的社会福祉協議会」（受託した社協）の職員が専門員として活動する．

福祉サービス利用援助事業の専門員は，利用者のニーズや生活状況の把握および支援計画の作成という役割を担う．また，サービス利用の手続きなどを支援する「福祉サービス利用援助」や日常的な金銭管理を支援する「財産管理サービス」の担い手である生活支援員は，在住地の社協に登録しているが，契約段階で「基幹的社会福祉協議会」の職員として雇用される．

一方，事例にも登場する成年後見制度は，本人の判断能力があるうちに契約で代理人を決定する「任意後見制度」（根拠法：任意後見契約に関する法律）と，判断能力が不十分な状態の人の財産管理や身上監護（生活や療養看護に関する契約締結や費用の支払など）を代理人（成年後見人など）が行う「法定後

見制度」(根拠法：民法)によって構成されている．

この事例からもわかるように，福祉サービス利用援助事業では，訪問面接における個別援助技術（ケースワーク）の活用や，ニーズ把握―支援計画―契約締結―支援の実施―再評価という支援過程全般におけるケースマネジメントの活用が重要となる．

5　心配ごと相談事業

《事例》民生・児童委員との連携

　J県内のK町社協で働く心配ごと相談事業の担当職員は，相談員をつとめる民生・児童委員から相談記録を受け取った．その内容は，隣家の樹木が自宅の敷地内に入ってくるという相談であった．類似した相談内容は複数あり，多くは相談者が隣家に訴えても解決していないケースだった．担当職員は，翌月に開催する心配ごと相談員研修の講師兼スーパーバイザーとして，J県社協の福祉活動指導員を招くことにした．

　研修当日，J県社協の福祉活動指導員は，心配ごと相談事業担当職員からの情報提供に基づき，民法上の解釈をまじえながら隣家とのトラブル解決について説明し，そのうえで当事者同士の話し合いによる解決が望ましいと助言した．

　ある相談員からは，当事者の間に民生・児童委員が仲介し，解決するまで数年間かかったという例が報告された．また，別の相談員からは，長年居住している住民同士で個人的に解決することは難しいという意見も出された．さらに別の相談員は，成長した樹木が台風などの影響で倒木した場合，災害の原因になると指摘した．

　そこで福祉活動指導員は，樹木をめぐる隣家とのトラブルを，災害対策という町全体の問題として話し合ってはどうかと提案した．相談員が検討した結果，地域の町内会や自治会と協力して取り組む必要があるという意見にまとまり，町内会長や自治会長が集まる町役場主催の会議に提案することとなった．

　社協が運営する心配ごと相談（事業）は，個人または地域のさまざまな問題やニーズを把握する初期相談（インテーク）の場である．したがって，心配ごと相談（事業）は，社協のマネジメント（管理・経営）における調査段階と関連している．

　事例の中で心配ごと相談員をつとめる民生・児童委員は，民生委員法（民生

委員)および児童福祉法(児童委員)に規定された行政の協力ボランティアである．このような法律による規定や行政機関との協力関係から，民生・児童委員を本来のボランティアではないと指摘する意見もあるが，自発的・主体的な地域福祉活動に取り組む民生・児童委員は多い．また，福祉行政への協力については，支援を必要とする人びとのニーズを充足するため，時間(昼夜)や場所(自宅や地域など)を限定せずに取り組む民生・児童委員も多く存在する．

事例からもわかるように，民生・児童委員は社協との関係性が深く，多くの社協にとって必要不可欠な存在であるといえるだろう．とくに，前述した小地域福祉活動では，民生・児童委員が活動推進の実践者として重要な役割を担っている．また，個人および地域の福祉に関するニーズを把握し，社協の各種事業に結びつける役割も民生・児童委員は果たしている．さらに，社協の役員(理事や評議員など)として，組織運営にも民生・児童委員はかかわっている．

ところで事例をみた場合，心配ごと相談員に共通する相談内容は，隣家の樹木をめぐるトラブルであった．このように心配ごと相談(事業)では，狭い意味での福祉に限らず，さまざまな個人または地域の問題やニーズが把握される．

事例では，個人の問題(隣家の樹木をめぐるトラブル)を地域全体の問題(災害対策)に発展させているが，その過程で重要な役割を担う専門職がK町社協の心配ごと相談事業担当職員とJ県社協の福祉活動指導員である．

社会福祉援助の視点からみるならば，K町社協の心配ごと相談事業担当職員はコーディネーション(連絡・調整)という役割を担い，ケースマネジメントと地域援助技術(コミュニティワーク)を活用している．換言するならば，心配ごと相談事業担当職員は，隣家の樹木をめぐるトラブルという個人の問題(ケース)から災害対策という地域組織化や福祉組織化へ発展するマネジメントに取り組んでいるといえよう．

一方，J県社協の福祉活動指導員(都道府県内の民間社会福祉活動を推進するために調査研究や企画立案，広報活動，指導などを行う)は，情報提供者および客観的な視点から助言・指摘するスーパーバイザーとしての役割を担い，

会議の場面では集団援助技術（グループワーク）を活用している．このように都道府県社会福祉協議会は，社協の情報提供者やスーパーバイザー，コーディネーション（連絡・調整）としての役割を担うことが多い．なお，全国社会福祉協議会は，都道府県社会福祉協議会や社協（市区町村社会福祉協議会）に対して同様の役割を担っており，全国の民間社会福祉活動を推進するために調査研究や企画立案，広報活動，指導などを行う企画指導員が配置されている．

この事例からもわかるように，地域援助技術（コミュニティワーク）を活用する福祉専門職は，狭い意味での福祉（社会福祉サービスなど）だけでなく，地域で生活するすべての人びとがかかわる問題（事例の災害対策など）に対応することもある．その結果，より多くの人びとが「自分達の問題」として地域の福祉を意識し，主体的な福祉活動実践へと発展する可能性も高くなる．

6　福祉機器貸し出し事業

《事例》サービス提供とニーズの把握

　L町社協では，電動ベッドなどの福祉機器を町民に無料で貸し出す事業を行っていた．また，L町社協は，町役場から在宅介護支援センターの運営も受託している．
　ある日，在宅介護支援センターから電動ベッドの借用を希望している人がいるという連絡が福祉機器貸し出し事業の担当職員に入った．電動ベッドの借用を希望する人と連絡をとった担当職員は，同じ部署の職員と指定された日時に電動ベッドを運んだ．
　ベッドの組み立てに立ち会った人，ベッドを利用する人の家族だった．会話をとおして，福祉機器貸し出し事業の担当職員は，その家族が最近転居してきたということを把握した．また，その人は，ベッドを利用する人が高齢者で多少の介護を必要とし，昼間は家族も不在なので心配だと訴えた．
　そこで福祉機器貸し出し事業の担当職員は，ベッドの組み立てを終了した後，ベッドを利用する人と家族がかかえるニーズを把握するために，改めて話を傾聴した．

　介護保険法の施行以後，多種多様な事業者が介護保険関連のサービス分野に参入している．社協も例外ではなく，地域福祉の推進機関として介護保険関連のサービス提供に取り組むところが多い．

しかし，この事例で取り上げた福祉機器の貸し出し事業は，介護保険適用外のサービスである．このようなニッチ（すきま）事業に取り組むことができるのも，社協の特色といえるだろう．

また，この事例では，福祉サービスの提供から相談援助へと展開する過程に注目してもらいたい．L町社協の職員は，電動ベッドを組み立てながら，利用者と家族のニーズを把握している．同時に，L町社協の職員と利用者の家族は信頼関係（ラポール）を形成している．さらに，L町社協の職員は，電動ベッドの組み立てが終わった後，改めて利用者の家族から詳細な話を傾聴している．

この事例における職員の対応は，個別援助技術（ケースワーク）の過程そのものである．ただし，一般的な相談援助のイメージと異なる点は，事務所（相談室など）で相談者の話を傾聴するのではなく，福祉機器貸し出し事業をとおしたニーズ把握という職員の対応である．

このように，地域福祉に携わる福祉専門職は，事務所で相談者を待つのではなく，積極的にフィールド（地域）へ出ていく姿勢（アウトリーチ）が重要となる．

5　組織の運営管理と社会福祉援助技術

《事例》新人職員の感想

福祉を学んで今年から別々の特別養護老人ホームに就職した友人NとAが，3カ月ぶりに会って互いの近況を報告しあった．Nはようやく職場にも慣れてきて，仕事が楽しいという．何より職場の上司がNのとまどいや不安をよく理解してくれ，疑問を受けとめてくれる．ケース会議では誰でも自由に発言し，活発な議論がなされる．施設長も現場によく出入りしてサービスの実際についての理解が深い．何か問題が起きても発見，報告，対応策などが職員全員の共通認識のもと迅速かつ組織的に実施される．こうした雰囲気の中でNは職員間の信頼関係もあり，利用者との関係作りも順調であった．Nは仕事への意欲にあふれていた．

一方，Nの話を聞きAは浮かない顔で，ため息をついた．Aには利用者との関係づくりで悩んでいても相談できる同僚や先輩もいないし，連絡や報告が不十分で利用者への対応ができないことがあっても誰にいえば解決できるのかわからない．た

まに上司にかけあっても人手不足・財源不足だから仕方がないといわれるだけである．会議は形式的で，報告事項ばかりが続き，施設長や上司の指示を受けることが中心だ．Aさんは，今後この仕事を続けていく自信を無くしている．AはNの職場を羨ましく思い，NはAの個人的努力では解決できない問題がAの職場にあるように感じた．

　社会福祉実践の場では利用者と一対一の関係で援助が展開されることが多いが，そのサービスは単独で存在するのではなく，サービスを提供する組織に属している援助者がサービス提供システムの一部を担うことによって実現している．援助全体は多くの職員を巻き込んだ活動であるので，組織としてサービスをどのように提供するかという問題を無視することはできない．それには組織の使命・理念や方針をどのように設定するかということと，そして具体的にどんなサービスを誰がどのようにして利用者に提供していくのかという問題と深く関わっている．本節では，利用者一人ひとりにふさわしいサービスを提供するための組織の運営管理について考える．

　本節では，組織の運営管理（英語：アドミニストレーション Administration）という視点からのソーシャルワークの実践をとりあげる．その定義としては組織の「機能や方針の決定，トップのリーダーシップ，記録や会計，サービスの維持などを含み，社会福祉施設が提供する直接サービスに必要で，付随しておこる援助活動，または促進活動」[12]や，「社会政策を具体的なサービスに移しこむ過程であり，その政策を評価し修正していくために，経験を活用することも含む．」[13]がある．また，「人びとが協働する過程であり，必要とされている地域福祉サービスやプログラムの提供という目的達成のために利用可能な資源を活用できるよう協働する人びとのエネルギーを放出したり関連づけたりする」[14]という見方もある．スキッドモア（Skidmore, A. 1995）は，「組織の方針を福祉サービス提供に変換するための社会過程を活用する職員の活動」[15]だと要約した．重田信一は，「その組織の機構・運営過程を調整し，また職員の勤務条件その他の整備をはかるなどして，その組織目的を完遂し，また目的そのものも社会

変動に伴う地域住民のニードの変化に対応するよう検討し修正する働きなど，多面的な活動を統括した一つの組織活動を指す[16]」と述べている．

　したがって組織の運営管理は，組織が提供するサービスの利用者だけを組織活動の対象者とみるのではなく，組織内外のさまざまな利害関係者（ステークホルダー）を対象とする．組織活動にさまざまな視点から興味・関心をもつ個人や団体はステークホルダーとなりうるが，利用者以外の主なステークホルダーとしては，おおまかに2つ挙げられる．まず組織の活動を規制・支援する組織外部の団体であり，次に組織の職員である．組織活動を支援・規制する組織外部の団体とは，地方行政機関などがその代表で主に組織活動の合法性や財源に影響を及ぼす．一方組織の職員は経済的な報酬をうけるかわりに組織の使命を理解し，専門的知識や技術によって使命を達成するのに貢献する存在である．

　組織の運営管理者には，これらのステークホルダーをそれぞれ満足させることが重要となる．特に福祉施設の場合，サービスの直接の受け手とサービスの費用負担者は必ずしも合致せず，サービスが公的資金で賄われる場合は，その支出の有効性を理解し，合法性を得て組織を支援してもらうことが組織の存続のためには必要である．また，サービスの受け手が費用負担者でないがゆえに組織本位のサービスを提供していないか吟味することも大切である．さらに組織の使命が達成されるよう，職員が役割を十分に果たすようしむけなければならないし，そのための職員の待遇も考慮されるべきである．したがって組織の運営管理者は，同時に複数のステークホルダーのさまざまな要求に応えていかなければならないという特徴をもっている．運営管理活動において施設長や部門長は直接サービスへの関与は少ない．そのかわり組織の方針決定といった意思決定への関与が多くなるが，運営管理活動には職員全員を巻き込んでいくことが重要である．本節では福祉組織とそのステークホルダーの関係を意識して，組織の運営管理を考えてみたい．

1　利用者サービスと組織

《事例》チームワークを高めて利用者サービスを向上させた特別養護老人ホーム
　問題の背景
　　特別養護老人ホーム「かがやき」は，デイ・サービスやショートステイなど複数のサービスを備えた民間立の特別養護老人ホームで，定員は50名である．1階には介護度の高い利用者が，2階には自立度の高い利用者が暮らしている．ホームでは，生活の質の向上（QOL）をこころがけるサービスを目指し，介護保険制度のケアプランが導入される前からQOLを目指した個別の処遇計画立案とその実施に力をいれてきた．しかし，介護ニーズの高い利用者の割合が年々増えてきていることから，食事，排泄や入浴の介助業務の割合が仕事全体の中で必然的に多くなり，その結果職員のあいだでは業務をこなすという感覚が強くなってきた．そうした中で，最近職員たちは，以前と比べてナースコールが鳴らされる頻度が高くなり，対応していると日常業務が何度も中断され，仕事がやりにくくなってきている，と感じていた．しかしナースコールは緊急を要するし，利用者からの重要な訴えなので無視できない．現状ではナースコールの多い利用者とのかかわりばかりが増え，あまり訴えのない利用者との接触が少ないといった偏りも生じていた．また職員のナースコールの理解や感じ方にも個人個人でばらつきがあり，対応に敏感な職員にはストレスとなっていた．また生活相談員（ソーシャルワーカー）が応じる時は，介護職との連携がとれないままその場限りの対応に終わることが多かった．
　運営管理活動
　　そうしたある日，今年度の事業計画経過報告についての職員会議の中で，サービスの質の向上の問題としてナースコールへの対応が取りあげられた．介護職員や相談員は，慌しい業務の中で利用者のニーズに応えたい思いを確認したり共有できる場がなく，孤独感や無力感を味わっており，職員が協働できる場がほしいと訴えた．もともとホームは，高齢者福祉の増進に貢献することに理念をかかげ，生きがいのある生活の実現を施設の使命としてきた．しかし，これらを達成するには利用者の状態を良く把握して，今一度チームとしての仕事のありかたを見直す時期である，と職員の意見が一致した．職員の意見を受けた介護主任は，業務見直しの方法としてQC（quality control）サークル活動[17]を提案し，職員は本格的に導入することを合意した．
　　まず半年のスケジュールで一定の成果をだすこととし，1階の介護職と相談員でQCサークルを形成して，ナースコールの多い要因を分析することにした．職員は利用者の1日のナースコールの回数と用件を統計にまとめ，その結果から要因分析を行い，対応策をたてて実施した．コールの回数の多さには，利用者の身体機能の低下という原因があった．しかし，自分でできそうなちょっとした身辺に関すること

でもナースコールを頻繁に鳴らす利用者の存在も明らかになった．職員は利用者に対して，ナースコールは緊急時に使うことが原則で，何か用事があれば職員をその場で呼び止めてもらうように説明した．しかし検討作業を進めるうちに，利用者は業務で忙しくしている職員に遠慮して声がかけにくいこと，身体機能の低下の度合いやADLが個人個人で異なるのにもかかわらず，職員は画一的な介護をおしつけがちだったことがナースコールを多く押す大きな原因であったことに職員は気づかされた．そして，いかに利用者に我慢を強いてきたか反省させられた．このことから，職員は居室巡回の時間や回数を増やし，利用者にできるだけ声をかけるようにした．すると，ナースコールの回数が減っただけでなく，職員の利用者理解がすすんだ結果，利用者も職員に声をかけやすくなったと評判は上々であった．

さて，かがやきホームでは，現在中長期事業計画の中にユニットケアの導入が検討されている．建物の改修等が，利用者にとってより自立した生活が送れる快適なものになるよう検討するためのQCサークルが新たに結成されている．

組織の使命や方針を具体化する事業計画は重要である．トップダウンではなく，できるだけ多くの職員や利用者の声が事業計画に反映されることが望ましい．話し合いによる合意形成は，職員の協力を得る上で欠かせない．開かれたコミュニケーションがチームワークを可能にするのである．

サービスの質の向上には，職員一人ひとりの専門性の向上も必要であるが，組織の構造や仕事のやり方を見直すことも重要である．QC (Quality control) サークル活動は，そうした取り組みの一方法である．QCサークルとは，職場の職員の集団が自主的に問題発見・解決し，自己啓発，相互啓発を行い，職場の管理や改善を継続的に行うものである．もともと1950年代，アメリカ人のデミング (Deming, W. E.) によって日本の産業界に紹介された統計的品質管理運動に由来し，全社的品質管理 (Total quality control ; TQC) 活動の一環として普及した．QCサークル活動では，自己啓発によって主任クラスの第一線を担う管理職者がリーダーシップを発揮できるようになったり，職場の士気が高まったり，QCが職員の一人ひとりまで行き渡るという効果が得られる．QCサークルの活動は，自己啓発から改善提案を行う改善活動型へ，さらに設定された目標に対しての問題解決型へとより積極的な形に発展している．このQCサ

ークルの手法が福祉の現場にも導入された．QCサークルは，問題をサークルで共有し，客観的なデータや指標に基づいて改善策をたて，実施しその後をモニターするという一連の流れをもつ．そして，一つの問題の解決を通して，職員は仕事に対する理解を深めたり，気づきがあったり，より自発的に問題を発見し解決しようという意欲が生まれる．また，その活動過程がチームワークを形成するのに役立つ．しかし，生産効率を重視する産業界と異なる対人サービスは，問題を設定する際に組織の使命，サービスの専門性，利用者のニーズなどを考慮することが大切である．活動初期にはそうした活動の方向づけを支持する施設長や部門長の強いリーダーシップ，専門家のアドバイスが必要であろう．

2 地域と組織

《事例》地域との関係を見直しサービスの拡大を図った保育所

問題の背景

A市にある民間立のひまわり保育園は，住宅地の一角にある．最近では大型のマンションが近くに建設された．宅地開発が進んだ30年前に，この辺りの土地所有者が格安な価格で土地を提供してくれたことで，この地に保育所を設立することができた．その当時は地域の公民館もなかったので，保育所の建物を住民の集会所として提供することで住民との交流もあったが，今はそうした関係はない．

この地域の住民は年々高齢化している．また地域外からの外来者がほとんどを占める大型マンションの住民は，保育所の利用者は多いものの住民同士のつながりは希薄だ．保育園を公民館代わりに利用していた住民とマンション住民とのつながりもなく，さらに保育所と住民の関係もほとんどない．住宅地に隣接する形で建てられた保育所には，ときおり子どもの声がうるさいといった苦情の声すら寄せられるようになり，地域の中での保育園の役割や活動について柏木園長は考えさせられるようになっていた．

ひまわり園では，園の使命に「子どもが安心して自己を十分に発揮できる場，世界平和に貢献できる人格の基礎を養う場を提供する」と掲げてきた．この大きな使命を達成するために，今では地域のなかで遠慮しながら保育している．児童施設とはいえ，このような消極的な存在でいいのだろうか．福祉施設として，地域に存在意義を認めてもらうにはどんな活動ができるのか園長は考えた．

まず保育園の児童をとりまく環境について考えてみると，保育園を利用する家庭

はほとんどが核家族で，高齢者と日常的に接する機会がないままに児童は成長していく．一方で子育てを終え，定年を迎えて暮らしている高齢者がこの施設の周りには大勢いる．柏木園長は，地域に開かれた活動として世代間交流を考えた．実は世代間交流としてすでに運動会やお花見会といった行事には地域の高齢者を招待していたのだが，それはいかにもその場限りの形式的なものであったことに改めて気づかされた．本当に園とかかわりをもちたいと願っている人，園に興味のある人に関心を払ってこなかったことを反省し，今度の世代間交流は，日常的かつ継続的な活動を目指すことにした．

運営管理活動

　具体的な活動内容を決めるにあたっては，職員との話し合いや園児保護者からの意見の集約，地区の民生・児童委員の協力を得た．その内容は，70歳以上の地区の高齢者（園児の祖父母も含む）を対象とした方に有料の食事会を月2回設けて，園児との交流を行うものである．食事を有料にしたのは，その方が気兼ねなく参加できるという高齢者の要望を取り入れたことによる．また，この活動は保育所地域活動事業の補助対象となり，財源も確保された．園児はこの食事会を「おむすびの会」と名づけた．昼食を連想させるし，地域とのむすびつきとの意味も込められて，参加者には良いネーミングと好評であった．参加者はチラシを配布したり民生委員に呼びかけてもらったりして募った．園では，この日園を訪れる高齢者をお客様扱いせず，日常生活の延長として過ごしてもらえるよう配慮した．その結果，参加者のなかには園児と遊ぶのを楽しみにしてくださる方はもちろん，花壇の手入れや遊具の修理をしてくださる方も現れた．最初こそ職員のリードでゲームなどをしたが，会を始めて2年も経つと園児と高齢者の交流は自然に深まっていった．園への苦情も少なくなった．

　おむすびの会は毎回30人前後の出席者の実績を積み，孤独であったり持病に悩む地域の高齢者の生活実情を把握できるようになった．園長はおむすびの会の発想を高齢者のデイサービスセンターに発展させられないかと思い至り，現在はデイサービスの認可を申請し，敷地内にセンターの建設計画が進んでいる．このセンターができることにより，もっと多くの住民が保育園に関わるようになってくれれば，と望んでいる．

　この事例では，組織の外部との関係を見直すことがサービスを拡大する重要なきっかけとなっている．ところで福祉サービスを提供する施設も，他の組織と同様に開かれたシステム（オープンシステム）の組織とみなすことができる．つまり組織が環境の中で存続していくためには，環境との相互作用が欠かせな

い．福祉施設はインプット（資金，マンパワー，ニーズ）を受け，スループット（サービス）を経て，アウトプット（サービスの結果）を排出するという要素の集合である．また，オープンシステムの重要な要素にはフィードバック・メカニズムがあり，周囲からの情報に基づき行動し，データを解釈し，それにしたがって機能を適応させる自己矯正システムをもつ．福祉施設も環境からのフィードバックを受け取る過程をもち，外的条件や要求に合うよう適応する必要がある．

　組織をとりまく環境として，一般環境とタスク環境がある．一般環境は，経済的，文化的，人工統計学的，政治的，技術的な環境といったマクロの環境で，これらは一組織が介入して変更するのは困難なものである．一方タスク環境は組織が介入可能な環境である．それらは，財源の提供者，正当性・権威を付与する者（第一種や第二種社会福祉事業を認可する地方自治体など），利用者の提供者（利用者の家族や団体，また彼らの属する地域），補完的サービスの提供者（民生委員，福祉事務所など），サービスの受け手（利用者自身），競合する組織（無認可保育所やベビーホテル）である．これらの環境によって，組織はドメイン（domain）を決定する．ドメインとは，組織の守備範囲，組織が存続するのに都合のよい領域を意味する．具体的には，どこでどのような人びとに，どの財源で，どのようなサービスを提供するかということが含まれる．どのようにドメインを認識し，設定するかが組織の理念，使命，目的，目標を定める重要な鍵となる．

　ひまわり保育園は，高齢化する地域の中で，保育サービス施設の存在意義を問い直している．保育所利用条件を満たす児童の保育のみを施設の仕事と限定せず，保育園をとりまくタスク環境に働きかけ，本当に人びとに役立つ施設を地域との関係の中で模索し，施設の機能とサービスを拡大した．

3 職員と組織

《事例》成果をだす職員を育成した特別養護老人ホーム

問題の背景

緑ヶ丘ホームは，定員75名の民間立の特別養護老人ホームである．榎本施設長は，大学で福祉を学んだ後，相談員としてこのホームで長く勤める間に社会福祉士と介護支援専門員（ケアマネジャー）の資格を取得し，職員をまとめていく直接サービスの中心的な存在として働いてきた．そして現在施設長になって3年が経過している．

施設では，要介護度の高い利用者や痴呆症状のある利用者が増えるにつれて，過去に行われていた外出や行事予定をそのまま継続することは困難になる中，介護職の一部では「仕事が多すぎる」と自分勝手に仕事を中途半端に終わらせる職員が現れた．

施設は開設25年でベテラン職員も少なからずおり，彼らには豊富な経験を生かして指導的役割を果たして欲しいのに，むしろ若手より消極的で，仕事に対して「仕方がない」，「自分がやらなくても誰かがやればいい」といった態度が目立ち，他の職員のやる気をそいでいた．また利用者にぞんざいな話し方をする若い職員をみかけても，ベテラン職員が注意することもなかった．このような雰囲気が蔓延し，熱心で若い職員が勤続2，3年で退職するケースが増えていく現状に，榎本さんは危機感をもった．

運営管理活動

そこで，榎本施設長は，開設25周年の節目を機に，人材育成の見直しを図り，OJT（オン・ザ・ジョブ・トレーニング：職場内研修）を伴ったMBO（マネジメント・バイ・オブジェクティブズ：目標による管理）を取り入れることにした．

MBOの一環として，榎本施設長は施設が設立された経緯を職員にもう一度周知徹底した．緑ヶ丘ホームは，この地域に高齢者の施設が不足していたため，住民の強い希望とともに，介護に苦労した経験のある家族会の人びとの協力を得て設立された．そのためこの施設は，「高齢者とその家族の幸福を追求する」という使命と「利用者の生活の質の向上」という目標をかかげている．その使命の実現にむけて事業計画から日常の実践へと，作業課題を細分化して，施設長，主任，職員との協働作業で業務遂行書を作成した．その業務遂行書は標準介護業務とそれ以外の業務とに分けられており，各職員が業務終了後に施設長に提出するシステムとした．[19]この方法によって作業課題を周知徹底させられるし，課題ができなかった職員はなぜ自分だけができないのかその理由を説明しなければならない．この業務遂行書の制度が始まってから，中途半端や無責任な感覚が消え，職員一人ひとりが自分の仕事の責任範囲を意識するようになった．その結果，施設全体には活気がよみがえるととも

に職員に適度な緊張感が生まれた．

　そして主任を中心としたベテラン職員が介護技術の向上が必要な若い職員に対してマンツーマンやグループで指導するというOJTを半年間行った．OJTの目標は，利用者一人ひとりの特性にあったサービスが提供できるような観察力や判断力を各職員が身につけることである．たとえば言葉遣いの問題も，その職員に注意するだけでなく，言葉がけのマナー向上を全員で意識できるよう，模範的な言葉がけをリストにして職員控え室に貼ったり，グループ研修の場でロールプレイや話し合いをもって，利用者への接し方を積極的にかえていった．半年後，利用者との接し方に自信のなかった若い職員が，「利用者との良いコミュニケーションができるようになって，利用者理解につながった」と生き生きと仕事をするようになり，利用者からの苦情も減少した．また，ベテラン職員を輪番で指導役にし，担当した後輩の研修成果を彼らの仕事の成果とすることで，ベテラン職員自身の仕事の取り組みに対する姿勢の変化や研修への積極的な取り組みがみられた．施設の使命や目標を意識したことで，仕事の一つひとつが職員に一層の意味をもたせ，利用者にさらに喜ばれる働きをしたいと望む職員が増えてきたのである．

　榎本施設長は，職員の働きが目にみえて良くなってきたので，彼らにより積極的な目標設定や問題改善を期待するようになった．それと同時に職員の頑張りに見合った本格的な人事考課の導入を考えるようになった．

　MBO（目標による管理）は，ドラッカー（Drucker, P. F.）の提唱した目標・成果を志向した産業界の管理方法である．達成すべき結果を目標として設定し，人びとに共通の方向を示して目標達成へと動機づけがなされることが，管理の有効性を高めるとされる．組織全体から各部署，部署内の個人へと目標は細かく設定されて，目標のヒエラルキーが形成される．目標は，前年より生産性を10％高める，顧客満足度を20％上げる，など具体的である．MBOの特徴は，目標設定をトップダウンで押しつけるのではなく，職員が参加し自らが設定し，上司はそれを調整するにとどまることである．その方が仕事の達成意欲が高まるとされる．MBOはすべての職員に適用でき，次年度の期待や予想する目標を明瞭な文書にして，その目標を作業課題に細分化し，進行状況を一年を通じてモニタリングする．そして自分の設定した目標と実績を比較検討し，次の目標設定を再び自分で行うのである．MBOは，協力や連携を向上さ

せるのに役立つとされているが，目標を非常に細かく具体的に特定するアプローチなので，結局木をみて森をみずになりかねないという批判もある．経営という視点では，大きな枠で組織を方向付ける戦略的思考と小規模な技術的思考が同時に必要とされるが，MBOは後者のほうに焦点があたる傾向にある．業務遂行書も施設の使命と関係なく単なるマニュアルになってしまえば意味がない．しかし，MBOは従来過程を重視してきた福祉の分野に結果の評価という視点をもたらした．

OJTは，日常業務の中で，あるいはそれと関連させながら職場の上司や先輩が部下や後輩を指導するもので，実践能力を向上させる点で研修の基本である．職員個人の特性，能力，レベルに応じて実際的で実践的な指導を行えるし，施設固有の実情にもそくした形で行える利点がある．また，費用をかけずに訓練指導が反復でき，スーパーバイザーとスーパーバイジーの間に相互理解と信頼が深まれば，仕事の質が高まることなども期待されている．作業課題を達成する過程で，組織の目標を共有し，事業計画から達成すべき課題が導かれるので，OJTもMBOの一部であるといえる．研修にはこの他に，職場を離れての研修であるOFF-JT（オフ・ザ・ジョブ・トレーニング）と，資格取得や学習活動支援のSDS（セルフ・ディベロップメント・システム）がある．

人事考課は，人事システムの一つで，職員の配置や異動，昇給などをたんなる職能，職域や年功序列で決めるのではなく，作業課題がどの程度できるかという職能の遂行能力（成績考課）と職務に対する態度，意欲などの姿勢（情意考課），職能要件に照らした能力の程度（能力効果）を基準に評価して決定するものである．仕事に一生懸命取り組み，高い成果を上げている職員に対して正当な評価をするシステムとして人事考課制度は，職員が納得できる客観性をもつ必要がある．しかし，これは職員の処遇を単に差別化するための手段ではなく，組織の使命を果たすために必要な人材育成や能力開発に関する情報を収集するという目的もある．考課の結果をフィードバックすることで，職員に働きの課題を明確にするという役割も大きい．職員の合意を形成し，能力を最大

限に引き出すという視点からも，考課する要素と項目は評価者と被評価者とで協議決定されることが望ましく，また考課の際には考課の偏りを排除することが大切である．

4 評価と組織

《事例》オンブズマンの評価を導入し施設の信頼性を高めた身体障害者療護施設
問題の背景
　共愛荘は，定員50名の民間立の身体障害者療護施設である．利用者は医療と介護のニーズを合わせもっており日常動作における職員への依存度が高い．しかし施設は，利用者が主体的に生活できるよう援助しようと開設当初から個別支援計画を作成し，利用者一人ひとりに担当職員を決めて，細かな対応ができるようにしていた．施設は開設されて20年近く経ち，ベテラン職員は経験で培われた「勘」を働かせる仕事の仕方に自信をもっていた．しかしそのような「勘」は誰にでもあるものでなく，実際複数が協働する現場では仕事の仕方にばらつきがあるのは否めず，また自信をもっている職員の仕事が本当にいいかどうかは疑問である．一方，若い職員は介護量の割合の高い仕事の中で利用者と日常の会話をする余裕もなく，仕事の意味がわからなくなってきていた．かといって，業務の中で利用者と個別にじっくり話を聞く時間も，利用者のニーズを受けとめる自信もなかった．
　植村さんは，共愛荘で3年近くボランティアをしている．彼の友人が事故で脊椎損傷になり共愛荘に入所したことがきっかけであった．彼はときどき友人や他の利用者から，自分の担当の介護職に対して面と向かってはいいにくい，として生活上の不満や訴えを聞くことがあった．たとえば，介護の方法が良くない，人間関係で悩んでいる，施設を出たいけれど所詮無理だとあきらめている，などである．植村さんは，聞いているだけでは問題解決にはつながらないと考え，思い切って施設長と直談判することにした．

運営管理活動
　植村さんの話を聞いた吉田施設長は，施設の対応や方針をうまく説明できず，植村さんを納得させることはできなかった．苦情解決の窓口は開設しているものの，事務局内の奥まったところにあるせいか今までに利用した入所者はいない．窓口に直接訴えがないからといって，利用者が満足しているとは限らない．吉田さんは利用者からの意見を運営管理に積極的に取り入れていく方法を工夫として評価制度の導入を考えた．
　そこで，まず職員に対して職場内研修を行うなどして，評価制度についての理解を深めさせることにした．自分の仕事を批判されるというような否定的な感情などを払拭し，利用者の立場に立った仕事への転換と，客観的な評価で良い評価を得ら

れれば，施設や職員に対する利用者や地域からの信頼が深まるといった利点を理解してもらうためである．そして評価結果への対応の方法とスケジュールについても話し合った．

　評価には「障害者・児施設のサービス共通評価基準」を用い，管理職を含む職員全員が自己評価を行った．そして，外部組織からは市民オンブズマン団体を中心に学識経験者，元利用者やその家族を招き，同じ評価基準に基づいて評価してもらった．特にオンブズマンには，利用者が具体的に施設に対して感じている事柄について，利用者からの丁寧な聞き取りを依頼した．評価を行うにあたって，その説明を利用者にも行い，さらにオンブズマンからは利用者の人権について詳しく説明してもらいながら，聞き取り調査を行った．

　その結果，介護に関する意見や苦情がもっとも多かった．たとえば，介護担当者と相性が悪くても次の配置転換まで我慢しなければならない，介護担当者に頼みごとをすると迷惑そうな顔や発言をされる，非常勤職員との引継ぎが不十分で自分の服薬や体調についての知識が不十分なまま介護されることに不安がある，などである．また，自由に外出できるよう手続きを簡略化してほしい，将来自立へ向けた長期的な支援計画に早く取り組んで欲しいという要望もあった．なかには我慢の多い施設での生活を強いられてきたことに激しい憤りを感じて訴訟したいという利用者もいた．一方何をいっても実現しない，と無気力な利用者もいた．職員の自己評価だけではこうしたことをすべて把握しきれなかったので，利用者が思いを表現できる方法にも配慮が必要だとわかった．

　また支援費制度の導入で，共愛荘も収入の減少が予測されている．そこで施設運営の中で大きな割合を占める人権費を抑制するため，退職した職員を非常勤職員で補っていた．非常勤職員の割合が高い職員体制となり，事故を未然に防ぐために彼らへの研修や監督が課題であることがわかってきた．多くの課題が明らかになっていく過程で，解決には利用者や施設職員だけでなく，専門家や市民団体など幅広い人びとからのアドバイスを取り入れること，施設改善の経過を積極的に情報公開することも必要だと施設長は考えた．そして評価の概要と改善へ向けての方針やスケジュールを利用者に伝えた．するとある利用者は，「自分達の声に取り組んでいることが分かって，少しは施設を信頼する気になった」と施設長に直接話しかけた．吉田施設長は，利用者や地域の人びとの信頼を裏切らないためにも，継続した改善活動に取り組むことを決心した．

　福祉サービスの提供過程では，ステークホルダーである利用者が最も力が弱い場合が多い．なぜなら，利用者はそのサービスに依存せざるを得ず，他に選択肢をもたないからである．そのため，施設では体罰や虐待といった人権侵害

が密かに進行する危険がある．特に高齢者や知的障害者に対しての深刻な人権侵害がしばしば報道されている．また，利用者の自己実現や人権を妨げていることに鈍くなっている施設も存在する．評価システムはこうした事件を摘発したり，未然に防ぐだけでなく，施設のサービスを向上させ，利用者のニーズにより応えられる施設となる手段である．

したがって第三者評価やオンブズマンは，施設にとって脅威ではなく，将来のサービス提供過程においてより効果的な意思決定を行う手段として活用できる．さらには地域に開かれた施設のあり方，職員の資質向上という点からアプローチできるので，運営管理という側面からみると各ステークホルダーを満足させる手段，つまりアカウンタビリティ（説明責任）を示す手段の一つであるといえる．第三者評価制度は，一過性の評価で施設に優劣をつけたり，最低基準を満たしているかどうかが焦点となるものではなく，事業運営上の具体的な問題点の把握と改善が目的である．また，現在日本のオンブズマン活動には行政型，施設単独型，地域ネットワーク型，市民運動型などさまざまな形態のオンブズマン組織がある．利用者の権利を擁護するとともに評価結果を市民に公表するなどして施設判断のための情報を提供しているが，まだ数も実績も少ない．苦情解決制度は，利用者からのフィードバックを施設の中で制度的に組み込むので，職員の行動や姿勢に重大な影響を与えられるが，機能させるための工夫が必要である．

アカウンタビリティには職員個人のアカウンタビリティと施設のアカウンタビリティとがある．アカウンタビリティは，事例3で示したような職員の仕事の達成度やMBOなどの手法を用いて示すことが可能である．しかし客観的な指標をもつことは非常に重要だが，非人間的であったり，職員が萎縮してマニュアル化一辺倒になったりしないために，運営管理に携わる者の配慮と工夫が必要である．またアカウンタビリティは，費用対効果とも関連している．資源の使い方に無駄はなかったか，あるいは不当な収益をあげていないか，サービスに影響するような無理な効率化がなされていないか，などの点について説明

できなければならない．

　利用者や第三者評価から情報を得ることは，リスクマネジメントにも貢献する．運営管理者は予測される事故のマニュアルを作成したり，研修を行うことによって，事故を未然に防ぐことが可能である．情報が記録として蓄積されれば，人権侵害，災害，事故，感染症などさまざまな側面について対応策が検討できる．それは，施設を守ると同時に利用者へのサービスの質の向上にもつながることであり，けっして施設職員個人のレベルでは達成できるものではない．施設長や管理職のリーダーシップによるリスク意識の喚起や訓練が欠かせない．

注・引用・参考文献

1) 小松源助・本間真宏・今関公雄・小林捷哉・佐藤宝道・吉田恭爾編著『社会福祉の方法―福祉対象の理解を目ざして―』建帛社，1982年，p.3
2) 非指示的，人間中心的カウンセリングともいわれ，傾聴することが重視される．
3) ありのままを受け入れてくれるカウンセラーがいることで，クライエントは自分を見つめ直すことができるという考えの基で，指示を出さず，クライエントが自分の感情に焦点をあてることができる．
4) 利用者のもつ問題を診断・評価し，処遇するという枠組み．伝統的ケースワーク理論とほぼ同じ．
5) 積極的・集中的な援助を行い，危機的状況からの脱出を目的とする．
6) 利用者が解決を望む問題に対し，課題を明らかにし，具体的な実行・評価を通じて，課題解決を図る援助モデル．
7) 学習理論に基づき，問題行動の修正・改善を図る援助モデル．
8) ジゼラ・コノプカ著（前田ケイ訳）『ソーシャル・グループ・ワーク―援助の過程』全国社会福祉協議会，1967年，p.39
9) 平山尚・平山佳須美・黒木保博・宮岡京子『社会福祉実践の新潮流』ミネルヴァ書房，1998年，pp.197‐198
10) 日本地域福祉学会編『地域福祉事典』中央法規，1997年，pp.182‐183
11) 白澤政和『ケースマネージメントの理論と実際―生活を支える援助システム―』中央法規，1992年，pp.13‐14，17
12) Dunham, A., "Administration of Social Agencies," *Social Work Year Book 10th*, 1949, p.15．

13) Kidneigh, J. C., "Administration of Social Agencies," *NASW Social Work Year Book 13th*, 1957, p. 75.
14) Trecker, H. B., *Social Work Administration Principles and Practices,* Association Press, New York, 1971, pp. 24‐25.
15) Skidmore, R. A., *Social Work Administration Dynamic Management and Human Relations,* 3rd ed., Allyn and Bacon, 1995, p. 3.
16) 重田信一『アドミニストレーション』誠信書房，1971年, p. 4
17) 事例作成にあたってつぎの文献を参考にした．横山毅・橋本正明監修『至誠ホームにおけるQC活動　福祉の場での業務改善へのとりくみ』筒井書房，1991年，pp. 37‐47
18) 事例作成にあたってつぎの文献を参考にした．重田信一『社会福祉施設運営事例集　社会福祉施設運営論・補助教材』全国社会福祉協議会，1995年，pp. 52‐54
19) 事例作成にあたってつぎの文献を参考にした．重田信一，前掲書，pp. 124‐127

〈参考文献〉
① 小松源助『ソーシャルワーク理論の歴史と展開』川島書店，1993年
② 太田義弘『ソーシャル・ワーク実践とエコシステム』誠信書房，1992年
③ 河野貴代美・杉本貴代栄『新しいソーシャルワーク』学陽書房，2001年
④ 大利一雄『グループワーク─理論とその導き方』勁草書房，2003年
⑤ 浅野仁編著『老人のためのグループワーク』全国社会福祉協議会，1981年
⑥ 奥田道大編著『新シリーズ社会学　福祉コミュニティ論』学文社，1993年
⑦ 真田是『地域福祉と社会福祉協議会』かもがわ出版，1997年
⑧ 白澤政和『ケースマネージメントの理論と実際─生活を支える援助システム─』中央法規，1992年
⑨ 立岡浩・渡辺好章編著『NPO・福祉マネジメントの理論と実際　福祉団体・病院・公益法人・市民事業体・自治体のために』日総研，2000年
⑩ 山口稔『社会福祉協議会理論の形成と発展』八千代出版，2000年
⑪ 山本主税・川上富雄編著『地域福祉新時代の社会福祉協議会』中央法規，2003年
⑫ 宮崎民雄『福祉職場のOJTとリーダーシップ』エイデル研究所，2001年
⑬ 福祉オンブズマン研究会編『福祉オンブズマン』中央法規，2000年

学びを深めるために

① F. J. ターナー編著，米本秀仁監訳『ソーシャルワーク・トリートメント―相互連結理論アプローチ―』中央法規，1999年

　ソーシャルワークに関する多様なモデルやアプローチが網羅的に収録されており，ソーシャルワーク理論の現状とそれぞれの理論の理解ができる．多様な援助理論を理解することが，よりよい援助につながる．

② 黒木保博ほか『グループワークの専門技術―対人援助のための77の方法』中央法規，2001年

　グループワーカーの専門技術を6つのプロセスと17のカテゴリーに整理し，77の専門技術を紹介．すべての技術に「展開例」があり，具体的な活用方法を示している．

③ 定藤丈弘・坂田周一・小林良二編著『社会福祉計画《これからの社会福祉⑧》』有斐閣，1996年

　社会福祉計画の基礎概念や歴史，具体的な策定過程について学ぶことができる．また，社会福祉計画と地域援助技術（コミュニティワーク）の関連性についても理解を深めることができる．

④ 田尾雅夫『ヒューマンサービスの組織　医療・保健・福祉における経営管理』法律文化社，1995年

　医療・保健・福祉分野の対人サービス組織をヒューマンサービス組織として一括し，その組織特性を考察している．特にクライエントとのサービス関係について多くのデータを示して実証的な分析を行っている．

☞ 援助技術の「統合化」とはどのようなことか，それはそれ以前の援助のあり方とどのような違いがあるのか調べてみよう．また，あわせてケースワーカーとソーシャルワーカーの相違について，自分の言葉で説明してみよう．

☞ 自分の周囲の人から，話を伺いながら，生活の全体像を理解してみよう（たとえばあなたの祖父母等）．そして，そこからその人の価値観を理解し，自分の価値観と比べてみよう．

☞ 自分の関心のある実践現場でグループワークを実施するとすれば，どのような援助のための基本枠組みが設定できるだろうか．援助目標とプログラム活動を考えてみよう．

☞ 自分が生活する都道府県や市区町村の地域福祉に関する計画（地域福祉計画や地域福祉活動計画など）を調べてみよう．そして，それぞれの計画に地域住民がどのようなかたちで参画しているのか分析してみよう．

☞ 身近な社会福祉施設の設立経緯や歴史，サービスの特徴を調べてみよう．

学びのオリエンテーション

社会福祉援助技術とコミュニケーション

　社会福祉援助技術の中でも直接援助技術は，利用者に直接的に（対面して）援助活動を行うときに用いられる技術であることからも，利用者とのコミュニケーションのあり方が特に重要である．

　コミュニケーションと一口でいっても，その手段には大きく言語コミュニケーションと非言語コミュニケーションに分けて考えることができる．言語コミュニケーションは，まさに言葉（言語）を通したコミュニケーションであるが，非言語コミュニケーションは，それ以外の言葉によらない（ノンバーバルな）コミュニケーションである．具体的には，表情や視線，姿勢，身振り，動作などの身体的行動によるもの，服装や髪型，化粧などの外観によるもの，時間に遅れたり早く来すぎたりする時間的行動や座る位置や人との距離などによる空間的行動，さらには，語調や音調，話し方の早さや声の大きさなどの音声にかかわるものなどからも，コミュニケーション（意思疎通）が図られる．

　ある研究によれば，人びとの意思疎通は言語以上に非言語による影響が大きいことが明らかにされている．そうしたことを考えると，援助者は単に言語によるコミュニケーションだけにとらわれることなく，非言語からのメッセージをきちんと受け取ることが利用者理解に役立つといえる．また同時に，援助者がコミュニケーションの伝え手になるときには，利用者に混乱を与えがちな言語と非言語の不一致などのないよう，言語とともに非言語コミュニケーションのあり方に留意することが大切である．

北本佳子

個人・家族への援助

　ケースワークを行う上で注意すべきことは，初心者では「公平性」であり，中級以上者には，「慣れ」であろう．自分と相性の良い利用者とそうでない利用者の間に，サービスの対応に違いが出てしまう場合がある．プロとしてワーカーが，いつまでも好き嫌いに捉われたままでは，資質は向上しない．その場合，同じ職種からのスーパーバイズが，役にたつ．情報の個人保護について留意しながら，事例検討会で積極的に同職種からのスーパーバイズ，または異職種からのコンサルテーションを受けることが，資質向上には欠かせない．自分の目からだけではなく，他者からのさまざまな視点から，みてもらうことで，新たな視点に気がつくものである．事例提供者にとっては，俎上の辛い経験となるが，その経験を積むことが，自分の苦手な盲点に気がつく第一歩でもある．ある程度経験を重ねてきて，ベテランと呼ばれるようになるに従って，初めて相談を受けたときの新鮮さが徐々に失われ，時には，以前出あった事例と同じであると感じる場合があったりする．ベテランとしての対応には，安心できる事柄も多いが，そういう時こそ，真摯に利用者と向き合う時でもある．一人ひとりの出会いは，一期一会であり，同じ人間は存在しない．それぞれの生き方もまた独自のものであることを今一度確認する必要がでてくる．そして，後輩のスーパーバイズをすることで，新たな気持ちで相談に取り組みことができるのである．

庄司妃佐

学びのオリエンテーション

モラールの向上

　「この仕事をして良かった．次はもっとできるようになりたい」と思っている人と「最低限の仕事をしてお給料さえもらえれば良い．仕事に興味はない．誰がやっても同じだ」と思っている人の仕事には，長期的には大きな違いが出るに違いない．人が人にサービスを提供する（ヒューマンサービス）組織では，利用者の生活に深く関わる仕事をする従事者のモラールの低下は，利用者の人権侵害を招きかねない重大な問題である．モラールは士気・やる気などと訳されることが多い．モラールは単に個人の職場に対する感情の問題にとどまらず，組織全体の仕事の達成度やサービスの質に関わっている．したがって，サービスに従事する職員一人ひとりがモラールを高めて良い仕事の結果を出すためにはどうすればいいかということは，運営管理の中心的課題の一つといえる．

　産業界（主に製造業）ではこれを「生産性」と結びつけて考えてきた．たとえばテイラーは，従業員一人に対する職務・仕事量（課業）を設定したが，その背景には人は本来働くのが嫌いで，強制されたり，命令されなければ仕事をしないという考え方があった．

　マクレガーはこのやり方をＸ理論と呼び，それに対してマズローの欲求5段階説（生理的欲求，安全の欲求，帰属・愛情の欲求，自尊の欲求，自己実現の欲求）を基にＹ理論を展開した．それによると仕事は人間の自然な営みの一つで，自己実現の方法であるから，やりがいのある目標であれば，進んで仕事に取り組むし，責任さえ負うというものだ．

　一方ハーツバーグは，衛生・動機づけ理論の中で，仕事に対する満足は衛生要因（賃金などの労働条件，人間関係，作業条件）が満たされても不満が解消されるだけで，やりがい，自己成長，仕事の達成とその承認が重要だとした．

　社会福祉の分野における運営管理でも組織の使命や目標を従事者の目標や自己成長と結びつけられるような努力が必要だろう．「生産性」という指標でははかりにくい分野ではあるが，成果から何をするべきかを導こうとしたドラッカーの目標による管理は，組織の目標と個人のやりがいをつなぐ手段として考えられる．

鵜崎明日香

第4章
社会福祉援助技術の展開過程

１　居宅介護支援サービス(ケアマネジメント)[1]の事例とその展開過程

《事例》右大腿部頸部骨折の妻を夫が介護している萩原さん夫婦
　萩原澄子さん（70歳）は，夫，敦さん（78歳）と二人暮らしである．平成15年4月15日，澄子さんは，自宅内を清掃中に転倒し，動けなくなり，救急車で病院に行き，そのまま入院となった．右大腿部頸部骨折との診断を受け，手術をした．手術後，リハビリを行っていたが，不自由さが残っているものの，平成15年6月20日に退院し，自宅に戻り，夫婦二人の生活が始まった．
　退院して1ヵ月たったが，澄子さんは生活全般に介助を要する状態が続き，敦さんは澄子さんの介助を献身的に行っているものの，なかなかうまくできず，ストレスもたまり，今後どうなっていくのかと不安になり，在宅介護支援センター（居宅介護支援事業所併設）に電話をした．

　本節では，ある一つの事例を提示し，それをもとに介護支援サービス（ケアマネジメント）がどのように展開していくのかについて理解をしていきたい（表4-1参照）．

１　入口（ケース発見，スクリーニング，インテーク）

　電話を受けたソーシャルワーカー（介護支援専門員でもある）の林さんは，その日，萩原敦さんからの相談の依頼を受け，早速萩原さん宅を訪問し，萩原さんご夫婦の今後の暮らしについて相談を受けることにした．訪問に向かう車中，林さんは，萩原さんご夫婦はどんな思いで電話をかけてきたのだろうか？　ご夫婦はどんな暮らしをしたいのだろうか？　などいろいろな思いを巡らしていた．

　萩原さんご夫婦は，林さんが訪ねてくるのをみると，すぐに家に招き入れた．林さんはその姿をみて，相談を受けることに対しての責任の重さを改めて痛感した．さっそく，簡単な自己紹介をし，話し合いを始めた．

表4-1 本事例におけるソーシャルワーカー（SW）の具体的行動

	支援過程	具体的内容
①	入口 （ケース発見） （スクリーニング） （インテーク）	・利用者からの相談，関係機関からの紹介・送致，通報等による利用者の発見．アウトリーチの活用 ・ケアマネジメントの必要性の有無 ・ケアマネジメント利用の希望の有無 ・インフォームドコンセント（説明と同意）の徹底（本事例の場合，要介護認定の申請代行を行っている）
②	アセスメント （情報収集・事前評価）	・利用者との面接（利用者やその家族等の来所，ソーシャルワーカーの家庭訪問など） ・利用者の生活全般（生活の全体性）を視野に入れた情報収集 ・地域社会での生活を支援するために必要なニーズの把握
③	ケース目標の設定とケアプランの作成	・利用者が主役であり，常に利用者と一緒に考えていく ・援助目標の設定 ・ニーズを充足させるための社会資源をパッケージする ・サービス担当者会議 ・利用者本人のケアプラン承諾 ・ケアプランの決定
④	実施	・随時，サービス利用および提供状況確認（利用者，家族，事業者），利用者の立場を代弁，擁護し続ける
⑤	モニタリング	・利用者のニーズに変化がないか，サービス提供状況は適切かを継続的に見守る
⑥	再アセスメント	・「ニーズに変化あり」や「サービスに問題あり」の場合，③の過程に戻る
⑦	終結	・施設への長期入所，利用者の死去，自己作成プランが可能等の場合，終結に向かう ・必要時は直ちに相談に応ずることができる体制の維持と利用者への周知 ・終結の意味を利用者とともに考えることも重要

通常②〜⑥は，適宜繰り返される

　まず夫の敦さんより「今後，私たちはどうなってしまうのだろうか？」との今後についての不安な思いが語られた．それに対して，林さんは，その不安な気持ちを受け止めつつ，今後のことをいっしょに考えて，より良い方向に向かうように努力していくことを約束した．ご夫婦はそれに大きくうなずき，同意した．

　その後，林さんはまず，自分がご夫婦に対して「できること」と「できないこと」を説明し，理解していただいた．そして，骨折で入院する前の澄子さんの生活や骨折してからの状況について簡単に尋ねた．また，退院直後から今ま

図 4-1　萩原さん家族状況図

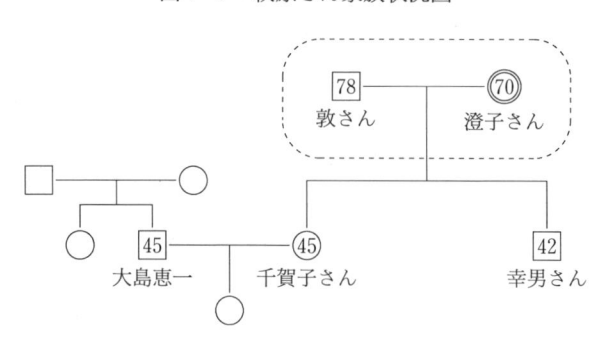

```
              ┌─────────────────────┐
              │  [78]        (70)   │
              │  敦さん      澄子さん │
              └─────────────────────┘
                        │
    ┌──────────┬────────┼──────────┐
    □────○    [45]    (45)        [42]
         │   大島恵一  千賀子さん    幸男さん
         ○
```

での生活状況や，今後の自宅生活においてどんなことが具体的に不安なのかについても尋ねた．それに加えて，家族や親類，近隣との関係についても尋ねるとともに，介護保険やケアマネジメントについての説明をし，在宅生活のためのケアプランを作成し，サービスを提供するまでの流れを説明した．最後に不明な点があれば遠慮なく，聞いてほしい旨もつけ加えた．

ソーシャルワーカーの林さんは，萩原さんご夫婦の希望もあり，介護保険サービスを利用できるようにするための要介護認定の申請を萩原さんに代わって，保険者である市の介護保険担当窓口に提出した．（指定居宅介護支援事業者や介護保険施設に申請を代行してもらえる．）また，主治医より，認定審査の資料となる「かかりつけ医意見書」作成のために澄子さんへの通院要請があり，澄子さん自身の通院が困難なため，林さんが夫敦さんと協力して，応急的に通院介助を行った．なお，ケアプラン（介護サービス計画）作成も萩原さんより林さんに依頼があり，林さんの所属する在宅介護支援センターで受諾した．

入口では，主としてケースの発見，スクリーニング，インテークが行われる．ケースの発見では，利用者自らが在宅介護支援センターや行政の担当窓口等の相談機関に来所や電話をしてきたり，各種調査からの情報把握，関係機関や民生委員等の関係者からの情報提供などが考えられる．いずれの場合でも，ソー

シャルワーカー（ケアマネジャー）自身が利用者をいかに早く発見するかが重要である．場合によっては，アウトリーチ（介入）も活用する．スクリーニングは，ケアマネジメントが必要かどうかを分類することである．つまり，複雑なニーズをもっている者にケアマネジメントの活用を行ったり，緊急なニーズを有している者には，まずそのニーズに対応したり，単純なニーズのみで単に情報提供のみで十分な者に仕分けするということである．インテークは，利用者のニーズを大まかに把握するとともに，ケアマネジメント援助の内容をわかりやすく詳しく説明し，利用者がそれに同意すること（インフォームドコンセント）である．

2　アセスメント（情報収集，事前評価）

　林さんは，萩原さんご夫婦にこれまでのこと，現在のこと，そしてこれからのことをまんべんなくうかがった．

（生活歴）
　萩原澄子さん（70歳）は，結婚後，専業主婦として，また2人の子どもの母親として家庭を切り盛りしていた．40歳代から糖尿病と高血圧を患い，2週間に一度，内科医院へ通院している．また，趣味が短歌であり，地域の「短歌の会」に所属し，長年リーダーシップを発揮して活躍し，仲間との交流を楽しんでいた．
　夫の敦さんは，長年銀行員として働いていたが，定年退職後，年金生活にはいってからは，夫婦で温泉旅行を楽しんだり，趣味のゴルフをしたり，ガーデニングを楽しんだりして日々を過ごしていた．
　ご夫婦には，2人の子どもがいる．
　近隣に市に在住の長女の大島千賀子さん（45歳）は，夫の恵一さん（46歳）と娘，夫の両親と同居しており，主婦業のほか，パートに出ている．近隣の市に在住している．

長男の萩原幸男さん（42歳）は独身で，転勤が多く，現在は遠方の県に住んでいる．

（身体的機能状況）
澄子さんは，右大腿骨頸部骨折のため，以前に比べて日常生活動作能力（ADL）が落ち込んでいる．ひとりでの外出は困難で，自宅内での移動にも介助を要する．入浴も一部介助が必要である．長時間立っていることができないので，家事のほとんどは，夫の敦さん任せになっている．糖尿病と高血圧のため，服薬をしている．通院は，娘千賀子さんが来たときに，夫敦さんと介助しながら澄子さんを通院させている．

（精神的状況）
澄子さんは，長期にわたる入院生活のため，介助を受けることが多くなり，自分に自信を失ってしまっている．退院後「外出したくない」といっており，近所の付き合いも控えるようになっている．趣味の短歌にも熱が入らなくなってしまった．夫をはじめ，家族には迷惑をかけたくないという思いはあるが，長年暮らした自宅で生活を続けたいという希望を強くもっている．

（社会環境状況）
自宅はいたるところに段差があり，澄子さんの移動は介助者なしでは困難である．夫婦とも年金生活者である．夫の敦さんは，澄子さんの急激な変化に戸惑いながらも十分に対応していこうと努力している．しかし，長年，家事の一切を澄子さんに任せきりにしていたため，不慣れなことが多く，そのことによりストレスもたまってきた．長女の千賀子さんは，2人暮らしの両親を心配し，週末には実家に戻り，家事等を手伝ってきた．しかし，最近姑の病状が悪化し，介護が必要な状態となってしまった．パートの仕事とのやりくりもあり，実家への十分な援助ができなくなり，両親に申し訳ないという気持ちを抱いている．

長男の幸男さんは，遠方におり，両親のことを心配はしているものの，頼りにできる状態ではない．

（ニーズの特定）
① 家事（掃除，洗濯，調理）に困っている．
② 介護（入浴，移動，通院介助）に困っている．
③ 自宅内に段差が多く，移動が困難である．
④ 一人で外出が困難なため，日中，部屋に閉じこもりがちになっている．
⑤ 通院が困難

林さんは，澄子さんと敦さんのペースに合わせながら，話をうかがった．うかがったご夫婦の生活の全体像を把握するように努めた．

アセスメントとは，利用者を生活の全体性の視点でとらえ，現時点でのさまざまな問題点やニーズを評価・特定することである．ソーシャルワーカーは，身体的状況，精神・心理的状況，社会環境状況などを尋ね，ニーズを特定する．その方法には，フェースシートのような定型化された質問項目一覧によるものや定型化されていない面接技法によるもの，両者を併用するものなどが考えられる．

申請してからしばらくして認定の結果が出た（通常は，申請日より30日以内に保険者は結果を通知することになっている）．澄子さんは，要介護度3で，認定有効期間は6カ月である．林さんは，認定結果を待つまでもなく，きちんとアセスメントし，ニーズを掘り起こしていた結果，要介護度3の限度いっぱいにサービスを組み合わせる必要は現時点ではなかった．

ちなみに，要介護認定が通知されるのは，通常30日以内であるが，それと並行して，ケアプランを立てていく．その際，ある程度予想される要介護度を

表4-2　ケアプラン表　例

生活全般で解決すべき課題（ニーズ）	援助目標	援助内容	頻度
家事に困っている	掃除，洗濯，調理の支援（夫への家事方法助言を含む）	訪問介護（ホームヘルパー） 配食サービス 長女	週2回 週2回 月1回
介護に困っている	入浴，移動の支援（夫への介護方法助言も含む）	訪問介護（ホームヘルパー） 通所介護（デイサービス）	週1回 週2回
通院困難	通院介助	訪問介護（ホームヘルパー）	月2回
外出困難・地域との交流なし	生きがい・仲間作り再生	通所介護（デイサービス）	週2回
家屋内に段差が多く，手すりがない．	段差解消と必要箇所に手すりの設置	住宅改修福祉用具の活用	—

見越してプランを立てていくことになる．その見極めが介護支援専門員（ケアマネジャー）に求められる．なお，要介護認定は，申請日にさかのぼって，効力を発する．

3　ケース目標の設定とケアプランの作成

　この段階においては，利用者にとって，望ましい目標を設定し，その目標を達成するためのケアプランを作成することになる．ここで重要なことは，ケアマネジメントの基本原則である利用者とソーシャルワーカー（ケアマネジャー）が対等な立場に立ち，あるいは，ソーシャルワーカーが側面的立場に立ち，利用者やそのご家族の希望を十分に踏まえるということを常に意識していることである．ソーシャルワーカーは，そのことに留意し，ソーシャルワーカーやサービス提供者等の援助者のみでケアプランの作成を行うのではなく，利用者やその家族とともに行っていかなければならない．また，サービス担当者会議等を活用しながら，ケアプランの中でのサービス提供者間の共通の目標と役割分担を明確にし，効果的なチームアプローチが可能となるように留意する．

表4-3　ウイークリープラン　例（＿＿は，介護保険サービス）

	月	火	水	木	金	土	日
早朝							
午前			ヘルパー 介護・通院介助	ヘルパー 家事中心			長女による支援（月1回程度）
昼	デイサービス			デイサービス			
午後		ヘルパー家事中心					
夕方		配食サービス		配食サービス			
夜							

＊民生委員児童委員の友愛訪問（月2回程度），市の地区担当保健婦の訪問（概ね月1回）

4　実　施

　ケアプランに基づき，サービスが開始された．萩原さんご夫婦の顔が幾分柔らかくなってきて，林さんにも笑顔を多く，みせるようになった．林さんは，萩原さんご夫婦がうまくサービスを活用して望ましい暮らしができるようになってもらいたいと改めて願った．林さんは，澄子さんの明るい表情と敦さんの安堵した表情を思い浮かべながら，ケアプランがプランどおりに実施できているかどうか見極めることにした．

　利用者が質の高い援助を受けられるよう，ケアプランを実施していく段階である．特に，ソーシャルワーカーは，各サービス提供者と関わりをもち，情報を共有し，利用者にとって適切なサービスの提供がなされるように働きかけていく．ケアプランを実施していくうえで，プランに不都合が出てくる場合がある．そのような場合には，ソーシャルワーカーは，利用者の立場を代弁したり，利用者の権利を擁護したりするが，必要に応じて，利用者とともにプランの一部修正などを検討する．

5　モニタリング

　萩原さんご夫婦のケアプランに基づいたサービスが開始された．萩原さんご夫婦は，新しいサービスに戸惑いながらも，ソーシャルワーカーの林さんの適切なアドバイスの甲斐あって，しだいにサービスを活用した暮らしにも慣れていった．長女も電話等で日々の様子を確認したり，姑の介護やパートの仕事をやりくりし，月1回くらいは，実家に来て，必要な支援をしている．長男も遠方にいながらも，両親を心配し，サービス利用料等の援助を行い始めた．

　3か月くらいたった頃，長女の大島千賀子さんから「最近，両親の表情が暗いので，何とかしてほしい．」と林さんに相談の電話が入った．早速林さんが萩原さんご夫婦のもとを訪問した．林さんがいろいろと話を聞くと，表情が暗い理由には以下のことがあった．

① 夫敦さんが，ヘルパーから家事や介護方法を教わり，一緒にやってみるが，不慣れなために思うようにできないことに加え，ヘルパーから「もっとがんばって」と叱咤され，一生懸命に取り組んでいる自分の気持ちを理解してくれないので，落ち込んでいること．

② 澄子さんが，デイサービスの職員から事前に何の相談もなく，「待機者がたくさんいるので，来年度の利用回数を2回から1回にするよう検討しています．」といわれ，やっと慣れて，これからというときにどうしたものかと途方にくれていること．

　そこで，林さんは，萩原さんご夫婦や各サービス提供事業者に，以上のような事実関係を改めて確認した．そして，次のような情報を得，それぞれについてサービス提供事業者に指導，助言等の対応をした．

① ヘルパーは，夫にがんばってほしいという願いからの励ましのつもりで激励をした．夫の戸惑いをもっとよく考えて激励すべきだったと振り返っ

た．

② デイサービスの相談員は，センターの待機者のこともあったが，澄子さん自身のADLの改善，向上が予想よりも早く，デイサービスよりももっと適したサービス（たとえば，通所リハビリテーション）に移行したほうがよいのではないかという思いで，澄子さんに話してしまった．

　これらの調整の過程で萩原さんご夫婦への精神的支援を行いながら，全体的な状況把握を踏まえたうえで，ケアプランを修正するための再アセスメントを早急に実施することにした．

　モニタリングとは，ケアプランに基づいてサービス提供が行われているかを見守りながら，次に示すようなことをチェックする．
① 利用者自身の身体的・精神的状態の変化や社会的状況の変化によって，利用者のニーズに変化が生じていないか．
② サービス提供者が適切なサービスを継続的に行われているか．

6 再アセスメント

　ソーシャルワーカーの林さんは，萩原さんご夫婦の再アセスメントを行い，新たな目標を設定し，それに基づいてケアプランを修正した．それにより，萩原さんご夫婦は，安心感を得て，また笑顔あふれる暮らしに戻った．

　モニタリングの段階で新たな問題状況が明らかになった場合は，再アセスメントを行う．また，サービス提供事業者から利用者や社会状況の変化が生じ，生活ニーズが充足できていないという情報を得た場合にも再アセスメントを行う．
　その結果に基づき，3．ケース目標の設定とケアプランの作成の段階に戻り，ケアマネジメント過程を循環することになる．

7 終　結

ケアプランが今後も順調に実施・継続され，利用者が望む生活が維持できるようになれば，終結の段階を迎える．また，利用者やその家族が自身でケアプランを作成できるようになったり，利用者が社会福祉施設を長期利用（入居，入所）するようになったりする場合も終結を迎える．

ソーシャルワーカー（ケアマネジャー）は，利用者に，また必要になったときには，いつでも再利用は可能であるということを明確に伝えたうえで，終結へ至る過程を話し合い，終結が利用者にとって，何を意味するのかを考えることが重要である．

② 社会福祉施設を基盤としたソーシャルワークの事例とその展開過程

《事例》入居施設の生活から地域でのひとり暮らしへ
田中　「ここでの暮らしはいかがですか．」
小松　「快適ですよ．それにやっと自分の家という実感がわいてきました．小さな家だけど自分の家っていいものですね．施設にいた頃は自分で家を建てて生活することになるなんて，考えてもみませんでしたよ．これからは今まで以上に楽しいこと，たくさん見つけたいですね．」

小松は1969年生まれの35歳，男性．18歳の時にバイクで転倒し頸椎を損傷した．身体障害者手帳1級のいわゆる重度身体障害者の判定を受けている．彼は障害を受けてからの17年間の生活をふりかえり，「決してむだなことばかりではありませんでしたけど，ちょっと時間をかけすぎたかな．」と語る．

小松の身体状況（重度身体障害者更生施設退所時）
- 身体障害者手帳1種1級
  頸椎4番から6番の損傷による四肢体幹機能障害
  （下肢機能：全損，上肢機能：腕力低下，握力測定不能）
- 移動方法：自走型車いす（平坦地のみ自走可能），電動車いす

- ベッド，便器へのトランス（移乗）：自助具，住宅改修により可能
- 食事：自助具（スプーン，フォーク）の使用で可能
- 排尿：収尿袋使用（自助具により装着可能）
- 排便：全介助（週2回の排便）

小松の家族状況（重度身体障害者更生施設退所時）

図4-1

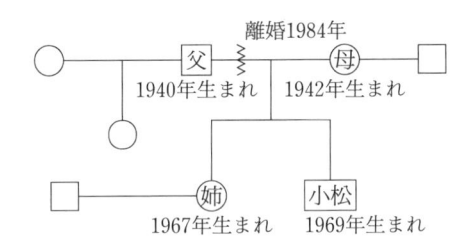

```
        離婚1984年
 ○──(父)〜〜〜(母)──□
     1940年生まれ  1942年生まれ
        │
    ┌───┴───┐
 □─(姉)    (小松)
   1967年生まれ  1969年生まれ
```

小松の生活歴
 1969年　東京都H市生まれ
 1984年　父母離婚
 1987年　高校中退　電機部品会社就職
 1988年　バイク事故　頸椎損傷
 　　　　K病院入院
 　　　　　6か月間の治療　2か月の車椅子の訓練
 1989年　H病院に転院
 　　　　車椅子とベッドのトランス（移乗），ベッド上の体位交換，着替や食事などのADL訓練　PT訓練，OT訓練
 1993年　重度身体障害者更生施設入所
 　　　　PT訓練，OT訓練，トイレ訓練，入浴訓練，パソコンの学習，簿記の学習
 1999年　重度身体障害者更生施設退所
 　　　　H市でひとり暮らしを始める
 　　　　障害者の通所施設へ入所
 2000年　身体障害者・高齢者のリフトつき車両による移送事業開始
 2003年　自宅（バリアフリー住宅）建設

本事例は，通所施設のソーシャルワーカーによって行われた身体障害者の重度身体障害者更生施設からの地域生活移行支援である．

ソーシャルワークの実践にあたってはプロセスの十分な理解が不可欠である．しかし実際のソーシャルワークはプロセス通りに進むものではない．インテークとアセスメントが同時進行し，ときにはその時点でのアドバイス（介入）のみで問題解決し，モニタリング，終結へと至る場合もある．また時にはアセスメントとプランニング，介入を何度も繰り返さなければならないことも少なくない．本事例においてもインテークの段階からアセスメント，プランニングが開始され，アセスメント，プランニングの段階から介入が開始されている．さらに介入の段階で再アセスメントがなされ，新たなプランニング，介入が行われている．ワーカーがクライエントとの信頼関係を構築し，クライエントの主体性，自己決定を尊重しつつソーシャルワーク実践を進めていることを理解していただけることと思う．とくに，ワーカーがクライエントの潜在的能力を評価，信頼し，それに応えてクライエントが生活能力を高めているところ（エンパワーメント）を注視してほしい．

1 重度身体障害者更生施設の退所が迫る

《事例》与えられたのは2つの選択肢だった

小松は重度身体障害者更生施設（以後「施設」と略す）に入所してから間もなく5年となり，治療訓練を終え退所の時期を迎えようとしていた．彼に対し施設のワーカーからは，「もうすぐ施設を退所しなくてはなりません．どなたか一緒に暮らせるご家族はいませんか．他の施設に入所することについてはどうですか．」といった提案がなされていただけであったという．彼はその当時「離婚した父母，そして姉にもそれぞれの暮らしがあり，とうてい一緒には暮らせない．どこか入れてくれる施設を探すしかないのかなあ．」と思っていたという．紹介を受けた遠い関西の身体障害者療護施設を見学し，「不本意だけど，施設に入るしかないか．」と，なかばあきらめに近い気持ちにもなっていたという．

重度身体障害者更生施設とは，5種の身体障害者更生施設の一つで，その他に肢体不自由者，視覚障害者，聴覚・言語障害者，内部障害者を対象とした施

設がある．障害者の自立を目的として一定期間の治療，訓練を実施する通過施設である．

　小松が重度身体障害者更生施設に入所していたのは支援費制度が始まる前の措置制度の時代で，施設の多くがクライエントの進路に慎重にならざるを得ない状況にあった．当時は障害者の地域生活を支えるホームヘルプサービスやデイサービスの未整備な地域が多く，クライエントが地域生活に行き詰った場合に入所もしくは一時利用できるような施設などの数が少なく利用が困難な状況にあった．また，ほとんどの施設が広域からクライエントを受け入れているため，個々のクライエントの出身地域の状況を把握できず，また地域との連携が困難で，施設として積極的な地域生活移行支援を実施することが困難な環境にあったのである．

2　通所施設のワーカーとの出会い

《事例》とにかくH市に行ってみよう

　そんな頃，施設を退所し，H市の家族のもとで暮らし始めた友人の相良から小松に連絡が入った．小松の話を聞き，相良は施設を出てからアドバイスを受けている通所施設のワーカーの田中を紹介した．小松はわらをもつかむ思いで田中に電話をしたという．

小松　「小松と申します．」
田中　「相良さんからお話は伺っています．これからの生活のことでお悩みのようですね．」
小松　「はい．」
田中　「差し支えなければ今お考えになっていることをお話しいただけますか．」

　田中の言葉に促され小松は，もうすぐ施設を出なければならないこと，家族と一緒には暮らせそうもないこと，もう施設には入りたくないことなどを話した．田中は小松の話を聞き，3日後に施設を訪問することを約束した．
　田中が施設を訪れると，小松は明るい表情でやってきた．

田中　「こんにちは．お元気そうですね．」
小松　「ええ．体調だけはいいですね．」

田中　「相良さんがよろしくと言っていました.」
小松　「相良さんはどうしていますか.」
田中　「自宅での暮らしにもなれてきて，近いうちに私たちの通所施設に通いたいと言っておられました.」
小松　「相良さんはいいよな．協力してくれる家族がいて.」
田中　「そうですね．その点小松さんは大変でしょうし，不安も大きいですよね.」
小松　「正直自分がどうしていいのか，何ができるのか，本当にわからないんです.」
田中　「一人で悩んでいたんですね．でも一人よりも二人．一緒に考えた方が良い考えがうかぶかもしれません.」
小松　「一緒に考えてくれるんですか.」
田中　「ええ．まだ何が出来るかはわかりませんが，小松さんの考えていること，体のこと，ご家族のことなど，差し支えなければ教えていただけないでしょうか．小松さんの許しがなければ決して他言しませんから.」
小松　「ぜひお願いします．どうせあきらめかけていた人生ですから．何でも聞いて下さい.」

　それから小松は，家族のこと，長い入院生活や施設での生活のこと，受けてきた訓練やADLの能力のこと，学んできたこと，健康状態のことなどを話した．そして最後に，「できれば生まれ育ったH市にもどり生活したい.」と田中に告げた．
　田中は，小松の話に耳を傾け，小松の意欲とH市での暮らしの可能性を感じていた．

田中　「そうですね．小松さんはずいぶん長い間H市に帰ってきてないんですね．一度何日間かH市に帰ってみてはどうでしょう．友だちの相良さんだけじゃなく，障害を持つたくさんの人たちが暮らしていますよ．宿泊先は私が手配しますから，更生施設のワーカーの方に相談してみてはどうでしょう.」
小松　「はい，わかりました．相談してみます．とにかく一度H市に帰ってみます.」

　田中は，小松に対しH市に戻る日程を連絡してほしいこと，友人の相良や障害を持つ人たちと会えるように準備しておくことなどを伝え施設を後にした．

　小松は障害を負ってから11年もの時間を病院と入所施設で過ごし，理学療法（PT）や作業療法（OT），日常生活動作（ADL）の訓練を受け，パソコンや簿記の技能を習得してきた．しかし，小松は自分の進むべき道を決めることができず悩んでいたのである．

　田中は共感的コミュニケーションを取りつつ小松との信頼関係を構築してい

る．面接を進める中で，小松の持つ潜在的能力を評価すると同時に，根源にある問題は地域社会と乖離した生活がもたらした「情報」と「経験」の不足であることを理解した．田中は，小松のH市での生活に向けた意欲と可能性を評価し，支持的態度を表明しつつ，実行可能な提案を行っている．

3　生まれ育ったH市へ

《事例》誰も教えてくれなかった

　小松からの連絡が田中に届いたのは，それから2週間ほどたってからであった．「姉の送迎で，2日間外泊できる．」とのことである．
　約束の日の午後6時，小松は姉の車で田中のもとを訪れた．

田中「よくきましたね．お待ちしていましたよ．」
小松「道が混んで，遅くなってすみません．」
田中「お疲れでしょうから，今日は食事でもしながら少し話をしましょう．明日の午後には，相良さんにも会えますよ．相良さんも楽しみにしています．」

　食事をしながら小松は，同席した通所施設の青木ワーカーにも障害を負ってからのことを自分から語った．小松の話を聞き終えると，青木は小松に尋ねた．

青木「どうして，10年間も病院と施設での暮らしを続けたのですか．」
小松「えっ……．どうしてって言われても……．」
青木「それに，どうしてわざわざ遠く関西の施設まで見学に行ったのですか．」
小松「それって変ですか．」
青木「はい……．」

　長い間地域社会から離れて生活してきた小松と，多くの障害者の地域生活を支援している青木との話はかみあわなかった．そこで田中は，ひとり暮らしをしている重度身体障害者の人たちが，どのような生活をしているかを説明することにした．その内容は次のとおりである．

(1)　最近では障害者にもアパートを貸してくれるところが増えてきており，民間のアパートを借りて生活している障害者が多くなっていること．
(2)　家主の了解を得て，住宅改修をして生活している障害者も多いこと．また，その費用の多くも東京都の住宅設備改善費の給付や屋内移動設備の給付，日常生活

用具の給付によって自己負担は少なくてすむこと．
(3) 生活費は，年金，手当そして通所施設で働くことで20万円くらいになること．
(4) 東京都には重度障害者のためのヘルパーの派遣事業があり，毎日ヘルパーの支援を受けることが可能であること．
（＊支援費制度の実施に伴い2003年から廃止されている．）
(5) ひとり暮らしといっても，同じ障害をもつ人や支援スタッフ，ボランティアなど多くの仲間がいること．

小松 「ほんとうですか．初めて聞きました．」
田中 「はい．こうした制度やサービスを利用して生活している障害者の方がたくさんいらっしゃいますよ．」
小松 「病院や施設ではリハビリやADLの訓練はしてくれましたけど，こんなことは誰も教えてくれませんでした．それに，ひとり暮らしができるかどうかH市に行って相談したいと施設の担当のワーカーに話したんですけど，つい先日施設を出てひとり暮らしをした人が自殺したって．だから，施設としてひとり暮らしを支援することは出来ない状況にあるって言われたんです．」
青木 「それじゃあ小松さんも不安ですよね．」
小松 「はい．実はここに来るまでやっぱり施設に入った方がいいのかなとも思ったりしていたんです．」
田中 「そうですか．でも不安に思ってばかりいてもいけませんし，今日はいいお話もできましたから，小松さんも少し考えてみてください．お疲れでしょうからそろそろ店を出ましょう．今日は青木さんが家に泊めてくれるそうです．」
小松 「ありがとうございます．なんだか少し勇気がわいてきたような気がします．」

　田中は小松に新たな援助者青木を紹介し，さらに身体障害者が地域で生活する上で利用可能な社会資源についての情報を提供している．人的，心理的支援に加え，有用な情報の提供は小松のひとり暮らしへの意欲と自信を高めることにつながっている．

4　障害をもつ仲間との出会い

《事例》自分にもできるかもしれない

　翌日，小松は青木に連れられ田中の勤務する通所施設を訪れた．田中は地域で暮らす障害を持つ仲間と話をすることが小松によい影響を与えると考え，相良以外にも同じ頸椎損傷の伊藤，脳性麻痺の榎木にも会えるように機会を設けていた．

田中はみんなを紹介し，小松がH市にもどってきている理由を説明した．
小松　「皆さんはどんな暮らしをしているんですか．」
相良　「ぼくは家族と一緒に暮らしているけど，伊藤さんと榎木さんはひとりで暮らしているよ．」
伊藤　「ひとり暮らしを始めて5年くらいになるかなあ．はじめは不安もあったけど，今じゃあどうってことないよ．」
榎木　「そうだね．もう10年以上ひとり暮らしをしているけど，ヘルパーさんが助けてくれるし，そんなに困ったことはないよ．」
小松　「どんな所に住んでいるんですか．」
伊藤　「榎木さんは普通の賃貸のワンルーム．車いすの乗り降りは自分でできるからね．ぼくはアパートを改造して住んでいるよ．玄関は昇降機がついていて，車いすのまま家に入れるし，トイレや風呂も使いやすいようになっているんだ．」
小松　「自分でトイレやお風呂使えるんですか．」
伊藤　「ぼくの場合おしっこは収尿器を使っているから自分でできるけど，うんことお風呂はヘルパーさんに介助してもらっているんだ．」
小松　「それならわたしと同じですね．でも，家から出たときにうんこやおしっこを失敗したりしませんか．施設でたまにあるんですけど．」
相良　「それはたまにはあるよ．」
伊藤　「そうだね，ぼくなんか初めて外でうんこを失敗したときは死にたくなっちゃったよ．でもね，そのことでずっと家に閉じこもっていても何もできないし，もったいないよ．価値観変えなきゃ．正直，慣れみたいなところもあると思うけど，おかげで今では仕事にも就けたし，毎日生活にはりがあるよ．」
小松　「どんな仕事をしているんですか．」
伊藤　「障害者やお年寄りの福祉機器の販売や住宅改造の仕事をしているんだ．自分の経験が役に立つから，いい仕事だなって思っているよ．」
小松　「すごいですね．私なんか働くなんて考えたこともありませんよ．私にも何かできるでしょうか．パソコンは得意なんですけど．」
伊藤　「地域に出て，いろんな経験をしていればきっと何か自分のやりたいことが見つかると思うよ．」
相良　「ぼくもこれから何かやることを見つけないといけないから，いっしょに考えようよ．」
小松　「そうですね．私にも何かできるかもしれませんね．でもみんなは外に車いすで出かけて，交通手段に困ることはないんですか．」
榎木　「ぼくは電動車いすを使ってる．遠くに行くときはバスや電車も使うよ．最近は車いすでもバスや電車に乗れるようになってきたから，ずいぶん便利になってきたよ．」

伊藤　「ぼくは自動車を使っている．車いすから運転席へのトランスができるようになるまでにずいぶん練習したよ．はじめの頃は落ちたり，ずいぶん時間もかかったりしたけど，今では1分もあれば移れるよ．それに車いすごと自動車に乗り込めて，自分で運転できる車も開発されているんだ．高くてなかなか買えないけどね．」
相良　「ぼくも近いうちに免許を取ろうと思っているんだ．車いすの人でも泊まり込みで免許が取れる所があるんだって．」
伊藤　「不安かもしれないけど，とにかくH市に帰ってくることを考えてみればいいんじゃないかな．」
小松　「でも住む家が探せるでしょうか．」
田中　「そうですね．いつもお願いしている不動産屋さんだったら探してくれると思いますよ．」
小松　「何か勇気がわいてきました．私にもひとり暮らしができるかもしれないって．心配してくれている姉とも相談して考えてみます．」

　その日昼過ぎ，小松は姉に送られて施設に戻っていった．そして，その翌日田中に電話連絡が入った．

小松　「H市に帰りたいです．姉とも相談してみました．はじめは心配していましたけど，障害者でもひとりで暮らしている人がたくさんいることや，いろんな福祉サービスがあることを話したらわかってくれました．遠くの施設に入るよりもH市で暮らした方がいいのかもしれないねって言ってくれました．」
田中　「それはよかったですね．小松さんも決心なさったんですね．」
小松　「はい．でもわたしはこれから何をすればいいんでしょうか．」
田中　「そうですね．まず住むところを探さなければなりませんね．親身になってくれる不動産屋さんを紹介しますから，一度会ってみてはいかがでしょう．」
小松　「はい，わかりました．姉に頼んで，またH市に帰ります．よろしくお願いします．」

　田中が小松と地域生活をしている障害者との話し合いの機会を設けたのは，H市での仲間づくりとピアカウンセリングの効果をねらったものである．同じ障害を持つ仲間が地域生活していること，その事実だけでも小松に及ぼす影響は大きい．それに加え，地域生活をしている仲間からの助言によって多くの生活の工夫や価値観を知ることでより具体的な地域生活のイメージがふくらみ，さらに自信が持てるようになるのである．小松もこうした支援があってはじめ

て一人暮らしへの挑戦を自己決定できたのである．また，アパート探しや住宅改造，手当や福祉サービスの申請など，クライエントだけでは困難な問題についてはワーカーの介入が必要となる場合もある．ワーカーは日常的にフォーマルな社会資源だけでなく，インフォーマルな社会資源との関係づくりにも努め，クライエントとクライエントのニーズに適合した社会資源とを結び付ける仲介者としての役割を担うことも求められるのである．

5 H市でひとり暮らしを始めて

《事例》働いてみたい
　その後小松は3度H市を訪れ，姉の協力を得て5万円の家賃で古い貸家を借りることができた．田中のアドバイスを受けて住宅改造をし，ホームヘルパーの申請，手当の申請を行った．そして，ついに念願のH市でのひとり暮らしを始め，田中の勤める通所施設に通うようになったのである．

田中　「友だちもできて，生活もずいぶんと落ち着いてきたようですね．」
小松　「はい．はじめは何もわからなくて大変でしたけど，みんなが支えてくれて助かりました．本当にひとりで暮らせるんだって，最近になって実感がわいています．」
田中　「よかったですね．私もうれしいです．でも慣れないひとり暮らしで大変でしょう．何か困っていることはありませんか．」
小松　「そうですね，作業所に来るのは青木さんに毎日送り迎えをしてもらっているから大丈夫なんですけど，休みの日に出かけることが自分ひとりではできなくて，その点ちょっと不便を感じています．それと，ここに来ても電話番くらいしかできなくて，何か仕事がしたいなって思っています．」
田中　「そうですか．そういえば相良さんも同じようなことをおっしゃっていました．作業所のみんなとも相談して，何ができるか考えてみませんか．」
小松　「はい．ぜひお願いします．」
田中　「いえ，わたしに頼まないで，自分で他の人に声をかけてみて下さい．相良さんだけじゃなくて，他にも同じような悩みをお持ちの方がいらっしゃると思いますよ．」
小松　「わたしが……，ですか．」
田中　「はい．小松さんならきっとできると思います．」
小松　「そうですね．あまり自信はありませんがやってみます．」

小松からの「外出に困ることはないか」,「何かできる仕事はないだろうか」との呼びかけに四人の仲間が集まってきた．身近な共通のテーマであったため，話し合いは活発なものとなった．その後小松を中心に2度の話し合いがもたれた．その結果として出されたのは「リフト付車両での移送サービスを仕事としてできないだろうか」との提案であった．田中は「リフト付車両での移送サービスを実施している団体等の見学や，リフト付車両の購入を補助する財団等の調査をしてはどうか」とアドバイスをし，また施設に対し可能な予算措置の検討を申し入れることを約束した．

クライエントをとりまく環境の変化は，更なる新たなニーズをクライエントにもたらすことが多い．小松は施設を出て地域でのひとり暮らしを始めるうちに，移動の不便さと仕事への意欲という新たなニーズを自覚するようになったのである．田中は新たなニーズに対し，小松が自ら問題に取り組むよう勇気づけるとともに，通所施設には小松と同じニーズを持つクライエントがいることから，相互援助グループとして問題に取り組めるよう支援している．田中は小松の問題解決意欲の促進と自己効力感の向上とともに，グループ全体にも同様の効果が期待できると考えたのである．グループからの提案に対し田中は，グループとしての自発性と自己決定を尊重し，問題解決のための新たな課題を提供しつつ，予算措置の検討という具体的支援を約束している．ワーカーはクライエントのニーズに応じ，時に所属する施設の機能や活動内容を変更する調整機能を果たすことも重要な役割として担わねばならないのである．その後施設の予算措置が決まると，グループの活動はさらに活発となり，リフト付車両2台を所有する会員制の移送サービス事業へと発展した．そして小松はそのグループのリーダーとなった．

6 H市で暮らし続けたい

《事例》楽しい生活を送りたい

現在小松は社会福祉施設に入所していた頃からの貯蓄と，姉と母の協力によってバリアフリー住宅を新築し暮らしている．障害を負ってから現在までの暮らしについてたずねると，小松は次のように語る．

「病院での生活はとにかく長かったです．そして入所施設はというと，暮らしに困

ることはあまりなくて，一つの完結した社会だったように思います．でも，本当の社会に出て，ひとり暮らしをしてみてとても驚きました．なんて自分には社会常識がないんだろうって．病院や施設はADLの訓練や施設の中で暮らすための教育はしてくれました．でも，社会生活をするための情報やスキルを得ることはできない所でした．これまでいろいろなことがありましたけど，でも今は毎日働いて，週末には仲間と飲みに行ったり，買い物に行ったり，時には映画に行ったりして，本当に生活しているんだって感じられます．いきつけのお店の人たちもよくしてくれます．これからは，もっともっと生活を楽しみたいですね．」

表4-4 小松の家計状況

(2004年現在，単位：円)

収　　入		支　　出	
1級年金	83,025	家のローン	50,000
心身障害者福祉手当	83,025	高熱水費	50,000
特別障害者手当	83,025	食　費	50,000
重度心身障害者手当 (東京都制度)	83,025	電話代	20,000
		小遣い	50,000
作業所収入	83,025	貯　蓄	45,145
合　　計	83,025	合　　計	225,145

　小松の言葉には，社会福祉施設そしてそのソーシャルワーカーに対し痛烈な批判がこめられていると認識しなければなるまい．社会福祉施設のソーシャルワーカーは，かつては比較的スペシフィックなワーカーとして，行政との折衝や施設内でのクライエントの支援，家族との調整等を主たる職務としてきた．しかし，そこにはクライエント中心の「クライエント＝生活者，主体者」としての視点が欠けていたのではないだろうか．社会福祉施設のソーシャルワーカーは，入所，通所にかかわらず社会福祉施設がクライエントの人生，そして生活の一部であることを常に意識しつつ，クライエント支援にあたらねばならない．社会福祉施設内での支援だけでクライエントのニーズを満たし，QOLを高めることは決してできないからである．

　さらに今後，社会福祉施設にはクライエントの地域生活移行支援や地域支援センターとしての機能など，地域に根ざした存在であることが益々期待される

ようになってくる．社会福祉施設のソーシャルワーカーには，さらにジェネリックな視点が求められるようになってくるのである．常に生活者，主体者としてのクライエントの立場に立った，広い視野をもつソーシャルワーカーがこれからの社会福祉施設において求められるようになってくるのである．

③ 地域を基盤としたソーシャルワークの事例とその展開過程

《事例》近隣住民との関係が希薄な高齢者世帯への支援事例と課題

　定年退職したAさんと妻のBさんは，自然の豊かな地域で悠々とした生活をおくるため，都会から郊外のC町に転居してきた．Aさんは近くの川で釣りに興じる日々をおくり，Bさんは近隣者と親しくなるよう努めた．しかし，Bさんは，数カ月経っても近隣者と親しくなることができなかった．

　半年が過ぎた頃，Aさんは脳梗塞で倒れ，半身不随となった．数カ月の入院を経て退院したAさんは，町役場の紹介でC町社協から電動ベッドを借用し，ホームヘルプサービスも利用した．しかし，夜間は妻のBさんがAさんを介護しなければならない．

　ある朝のことだった．ベッドから立ち上がる時に転倒したAさんを無理な体勢で起こそうとしたBさんは，腰の部分に激痛が走り，そのまま座りこんでしまった．

　その日の午前9時頃，C町社協にBさんから電話がかかってきた．電動ベッドの貸し出しで面識のある福祉活動専門員は，Aさんを担当するケアマネジャーに連絡し，状況を説明した．しかし，ケアマネジャーは予定があるため，Aさん宅をすぐに訪問できないという．上司の許可を得た福祉活動専門員は，同僚の男性職員とAさん夫妻の自宅を訪問した．二人の社協職員はAさんを電動ベッドに運び，Bさんをソファまで歩行介助した．

　その後，Aさんは社会福祉施設に入所し，BさんもC町から転居した．C町社協の職員たちは，職員個人の支援に限界を感じた．そして，Aさんご夫妻が地域の人たちと交流する機会を提供しなかったことや，福祉・保健・医療関係者の連携が不十分だったことを反省した．

　この事例は，地域組織化（日常生活圏を基盤とした住民相互の支援網づくり）と福祉組織化（福祉・保健・医療関係の施設・機関による支援のネットワ

ーキング）が地域を基盤としたソーシャルワークに必要不可欠であることを示している．そこで本節は，地域組織化や福祉組織化を推進する市区町村社会福祉協議会（以下「社協」という）中心の実践事例「NPO設立支援をとおした地域組織化・福祉組織化の推進（ある市区町村社会福祉協議会の取り組み）」から，地域を基盤としたソーシャルワークについて学習する．本節をとおして学ぶポイントは，以下のとおりである．

(1) 支援者の視点と姿勢を理解する．
　① 福祉専門職としての価値観を理解する．とくに，支援を必要とする人の主体性と権利を尊重するため，相手の立場にたって考え，支援することが重要である．
　② 地域福祉における支援者の姿勢を理解する．とくに，支援を必要とする人への働きかけだけでなく，その人を取り巻く地域への働きかけや，支援を必要とする人のニーズを充足するとともに，地域の福祉を推進するよう取り組むことが重要である．
(2) マネジメント（管理・経営）の重要性を理解する．とくに，支援を必要とする人のマネジメントだけでなく，支援の過程や事業のマネジメントも重要である．
(3) 所属組織におけるチームワークの重要性を理解する．とくに，支援の基盤となるニーズや事業目的などの情報の共有化，職員間の円滑な報告・連絡・相談が重要である．
(4) 地域を基盤としたソーシャルワークで活用する社会福祉援助技術を理解する．とくに，社協職員がさまざまな援助技術を活用している点に着目してもらいたい．

　また，本節で紹介する実践事例は，事例の支援過程と社会福祉援助技術を全体的に把握するための〈表〉を示し，それぞれの支援過程を詳細に記述していく．

　なお，本事例は，インテーク（初期相談）から終結に至る一般的な社会福祉

表4-5　本事例の支援過程と社会福祉援助技術

事例の展開過程	活用される主な社会福祉援助技術
① NPO設立に関する相談受付　［インテーク］	個別援助技術，ケースマネジメント，社会福祉の運営と計画の技術
② 組織内での検討と計画立案　［アセスメント］	ケースマネジメント，ケースカンファレンス，社会福祉の運営と計画の技術
③ NPOに関する講演会の開催　［インターベンション・モニタリング・再アセスメント］	地域援助技術，ケースマネジメント，社会福祉の運営と計画の技術
④ NPOと地域福祉活動をテーマとした学習会の開催（設立メンバーの組織化）	集団援助技術，地域援助技術，地域援助技術，ケースマネジメント，ケースカンファレンス，社会福祉の運営と計画の技術
⑤ NPO設立メンバーへの相談援助（具体的な事業計画作成の支援）［インターベンション・モニタリング・再アセスメント］	個別援助技術，ケースマネジメント，社会福祉の運営と計画の技術
⑥ NPO設立メンバーと関係機関相互のネットワーキング　［インターベンション］	地域援助技術，ケースマネジメント，社会福祉の運営と計画の技術
⑦ 設立したNPOの活動支援と連携　［インターベンション・終結］	地域援助技術，ケースマネジメント，社会福祉の運営と計画の技術

備考）「事例の展開過程」における括弧内の表示は，一般的な社会福祉援助の展開過程である．

援助過程を示した．

1 インターク（受理面接）

《事例》NPO設立に関する相談受付

　4月のある日，D市社協にボランティアのAさんが来訪した．2年前に定年退職したAさんは，社協が運営するボランティア・センターに登録している．AさんはNPOの設立を考えており，社協に協力してもらいたいと要望した．
　応対したボランティア・コーディネーターは，社協の組織内で検討したいとAさんに伝え，方針が決まった時に連絡すると約束した．

　社協のボランティア・コーディネーターは，ボランティア活動以外の相談援助を行うことがある．事例のようにNPO（特定非営利活動促進法に基づく法

人組織) を設立したいという相談内容であれば，ボランティア・コーディネーターはNPOの基礎知識を習得していなければ対応できない．したがって，地域福祉の仕事に携わる社協職員は，自分の担当業務だけでなく，関連する知識や情報も把握する必要がある．

また，相談受付の過程では，相談者の立場にたって考え，支援する個別援助技術（ケースワーク）によって，相談者との信頼関係（ラポール）を築き，ニーズを的確に把握するためのコミュニケーション・スキル（技術）を活用する．

事例の場合，NPOの設立というニーズは，相談者の個別援助だけでなく地域福祉の推進にも結びつく．したがって，このようなニーズに対応する社協職員は，インテークの段階から，個別援助技術（ケースワーク）だけでなく地域援助技術（コミュニティワーク）の活用も想定する必要がある．さらに，相談者自身のケースマネジメントだけでなく，事業計画を含む支援過程のマネジメントも重視しなければならない．

2 アセスメント

《事例》組織内での検討と計画立案

Aさんの相談内容を記録したボランティア・コーディネーターは，所属する地域福祉係の会議に検討事項として提案した．議論の結果，日常生活圏（小地域）を基盤とした住民相互の支援網づくり（インフォーマル・サポートネットワーク）である地域組織化および福祉・医療・保健・行政・教育などの専門機関を結びつける福祉組織化の一環として，NPO設立支援を位置づけることとなった．

その後，係内で具体的な計画案を作成し，社協組織全体の職員会議に提案したところ，NPO設立支援計画は了承された．

担当の地域福祉係が作成したNPO設立支援計画は，3つの事業で構成されている．そのうち基盤となる事業は，相談者のAさんを中心とした設立メンバーへの相談援助業務である．この他，地域で生活する人びとや地域福祉にかかわる支援者，専門機関などにNPOを紹介し，共通理解を促進するため，講演会（事業）を計画した．また，NPOのメンバーを組織化し，地域組織化と福祉組織化へと発展させる方策として，NPOと地域福祉活動に関する学習会（事業）も計画した．

インテークを担当したボランティア・コーディネーターは，AさんにNPO設立支援計画の概要を報告した．

この過程の重要なポイントは，NPOの設立というAさんのニーズと組織の目的（地域福祉の推進）を結びつけ，調整することである．

　事例では，ボランティア・コーディネーターが所属する地域福祉係の会議で調整を図り，Aさんのニーズと組織の目的を結びつけている．具体的な3つの事業にも，調整した結果が反映されているといえよう．

　また，この過程では，担当の地域福祉係と組織全体で会議を実施している．会議は，NPO設立支援計画を検討するという機能だけでなく，職員間で情報の共有化を図ることにもなる．このように「組織内での検討と計画立案」は，社会福祉援助過程のアセスメントという側面だけでなく，効率的・効果的な支援を進めるためのマネジメントにとっても重要な過程である．

3 インターベンション・モニタリング・再アセスメント(1)

《事例》NPOに関する講演会の開催

　支援計画に基づき，社協はNPOに関する講演会の準備を進めた．開催まで2カ月の準備期間がある．

　担当の地域福祉係では，①他の市区町村で活動するNPOの代表者に講演を依頼する，②会場を確保し，必要な物品を調達する，③行政機関への共催と宣伝（広報紙で講演会を紹介してもらうなど）を依頼する，④社協の広報紙に講演会の案内を掲載し，地域団体（町内会や老人クラブなど）や地域福祉活動実践者（ボランティアや民生・児童委員など）に参加協力を依頼するなどの準備業務を職員が分担した．

　当日の講演会は，会場がほぼ満席となった．受付名簿を確認したところ，普段は社協とかかわっていない人びとも多く参加していることがわかった．

　講演会は滞りなく進行し，質疑応答の時間では，来場者からNPOの設立や活動に関する具体的な質問が複数出た．司会をつとめたボランティア・コーディネーターは，閉会時に学習会が後日開催されることを来場者に伝えた．

　講演会終了後，地域福祉係の職員達は，来場者のアンケートを集計し，事業の効果を分析した．その結果，地域福祉活動実践者だけでなく，地域福祉活動にかかわっていない人びとの関心も高いことがわかった．そこで職員たちは，講演会の来場者全員に学習会の案内状を送付した．

　前述したように，事例のNPOに関する講演会は，1）多くの人びと（地域

住民および関係機関など）にNPOを紹介すること，2）地域福祉に関係する人びとが共通理解を深める機会とすることが目的である．

　事例では，以前から社協とかかわりのある人びとや団体・機関だけでなく，社協主催の事業にはじめて参加した人びとも多かった．このような状況は，主催者の想定した目的（上記）以上の効果を生む．つまり，社協を中心とした地域福祉にかかわる人びとの増加である．その結果，日常生活圏を基盤とした小地域ネットワークの拡充も期待できる．

　以上のような効果は，計画立案の際に予想し，目的として明確化することも可能である．そのためには，前章④（84ページ）で説明したマネジメント，とくに「調査」と「地域アセスメント（事前評価）」の実施が必要である．

　また，この事例では，講演会終了後に来場者のアンケートを集計し，事業の効果を分析している．このようなマネジメントにおける「事後評価」，すなわち社会福祉援助過程におけるモニタリングと再アセスメントも重要な取り組みであり，事業の「改善」には必要不可欠といえるだろう．

4　インターベンション・モニタリング・再アセスメント(2)

《事例》NPOと地域福祉活動をテーマとした学習会の開催（設立メンバーの組織化）
　講演会から1か月後の7月，社協はNPOと地域福祉活動に関する学習会を開催した．会場は公民館の集会室である．
　事前の打ち合わせで，当日の説明は相談者のAさんが担当し，社協の地域福祉係長が学習会全般の進行を担当し，部下の福祉活動専門員とボランティア・コーディネーターが補佐することになった．
　当日の学習会には，Aさんをはじめ，社協が支援するボランティア団体のメンバーや講演会の来場者など30人以上が参加した．
　NPOに関する説明が終わり，Aさんは地域福祉活動を行うNPO設立に協力してもらいたいと呼びかけた．地域福祉係長は，地域福祉の分野で活動する従来からの実践者と新しい実践者（NPOなど）の連携が重要であると補足説明した．
　意見交換の時間では，社協が支援するボランティア団体のメンバーから，NPOとして活動する場合の利点および問題点に関する意見が出た．Aさんは，社会的信用が増し，補助金も受けやすくなるなどの利点を強調したが，他の参加者はNPOの問

題点も明確にすべきだと指摘した．
　そこで，進行をつとめる地域福祉係長は，NPOを規定する法律（特定非営利活動促進法）によって規定される点と実践者の自主性と主体性に基づくボランティア活動の相違点を比較しながら説明した．その後の議論をとおして，学習会の参加者はNPOに対する理解を深めた．
　学習会の終了後，参加者の一部がAさんにNPO設立の協力を申し出た．一方，他の参加者は検討したいと社協職員に伝えてきた．
　数日後，学習会に参加したボランティア団体の代表者から社協に連絡が入った．代表者はNPOの必要性について理解を示したが，今後もボランティア団体として地域福祉活動に取り組む方針であると伝えてきた．
　また，社協が支援するボランティアの数人からは，NPO設立に協力したいという連絡があった．連絡を受けたボランティア・コーディネーターは，上司の地域福祉係長をとおしてAさんに参加希望のボランティアを紹介した．

　NPO設立メンバーの組織化を目的とした学習会で，社協職員は参加者が主体的に議論できるような環境づくりを心がけている．このような専門職の姿勢は，①参加者（地域で生活する人びと）の主体性の尊重，②学習会という事業のマネジメントを基盤にしている．また，議論の場面で社協職員は，情報提供と同時に意図的な働きかけ，すなわち参加者相互の関係性を深めながら，参加者一人ひとりが自分の考えを意識化できるように支援する集団援助技術（グループワーク）の技術（スキル）を活用している．
　そのような働きかけの結果，学習会の参加者は，NPO設立に対する自分自身の意識を明確化し，主体的・自発的にNPO設立への参加を意思表示（または保留）している．
　事例からもわかるように，参加者の中で社協が支援するボランティア団体は，NPO設立への参加を見合わせている．このことについて，学習会の主催者である社協は，どのような判断をすべきだろうか．
　そこで重要となる点は，学習会という事業のマネジメントである．つまり，目的（NPO設立メンバーの組織化）の未達成を消極的に捉えるのではなく，「事後評価」すなわちモニタリング・再アセスメントとして今後の「改善」に

結びつける福祉専門職の積極的な視点と姿勢が重視される．

　その際，地域福祉に携わる福祉専門職は，福祉の多元化（福祉の混合経済）という概念を理解する必要がある．この概念によれば，社会福祉サービスの供給に関する部門は，①国家部門，②営利部門，③ボランタリー（非営利）部門，④インフォーマル（家族や近隣住民など）によって構成されているという考え方である．

　従来，わが国の社会福祉は「国家部門」と社会福祉法人などによる「ボランタリー（非営利）部門」主体のシステムであった．しかしながら，近年の社会福祉法や介護保険法の制定からもわかるように，「営利部門」や「インフォーマル部門」，さらに特定非営利活動促進法制定による新たな「ボランタリー（非営利）部門」の拡充など，さまざまな部門で構成される福祉の多元化が進んでいる．

　したがって，事例の場合は，NPOの設立支援という「ボランタリー（非営利）部門」の拡充だけでなく，従来のボランティア活動も同等に支援する必要がある．

　また，この事例からもわかるように，社協は，福祉の多元化に対応するネットワーキング（意図的な働きかけによる結びつき）の構築も重視しなければならない．

5　インターベンション・モニタリング・再アセスメント(3)

《事例》NPO設立メンバーへの相談援助（具体的な事業計画作成の支援）

　学習会から2か月経過した9月のある日，地域福祉係に所属する福祉活動専門員は，Aさんから再び相談を受けた．学習会以降，Aさんをはじめとするメンバーは，NPOの設立に必要な事務手続きを進めていた．「地域を基盤とした福祉活動」という組織の基本方針は決まったが，具体的な事業を計画する段階で，メンバー間の意見がまとまらなくなったという．そこで福祉活動専門員は，NPOの具体的な事業計画に必要な情報を提供するために，多少の時間が必要であるとAさんに伝えた．

　地域福祉係の会議では，NPOの活動事例を中心とした情報収集に職員が分担してあたることとなった．

その頃，ボランティア・コーディネーターは，支援するボランティア団体（地域の子どもたちに本を貸し出す活動）の代表者から相談を受けていた．代表者の話によると，メンバーの家庭の事情などで，ボランティア活動を継続できない状況になったという．代表者としては，社協が団体の活動を継続してもらいたいという希望であった．そこで，ボランティア・コーディネーターは，社協としての方針を検討し，決まった段階で連絡したいと代表者に伝えた．
　地域福祉係の会議では，ボランティア団体が従来から取り組んでいた地域の子どもたちに本を貸し出す活動も継続しながら，「ふれあいいきいきサロン」（住民相互の支援や世代間交流を図る地域福祉活動の拠点）の事業計画を立案した．
　その後に開催された社協組織全体の職員会議で，地域福祉係長は，NPO設立に関するAさんからの相談内容と地域福祉係の対応を報告した．さらに地域福祉係長は，ボランティア団体からの相談内容を報告し，その対応策として「ふれあいいきいきサロン」の事業計画を提案した．
　事務局長からは，設立を支援しているNPOに「ふれあいいきいきサロン」を委託したらどうかという意見が出た．他の出席者からも賛同する意見が相次ぎ，地域福祉係がNPO設立支援計画と「ふれあいいきいきサロン」の事業計画を見直し，双方の計画を総合する方向で意見がまとまった．
　見直しの作業では，まずNPO設立支援計画の達成状況を分析し，設立メンバーに対する相談援助業務の強化が必要であるという結論に達した．そのうえで，NPOの使命（ミッション）および具体的な事業計画が明確化できるように情報提供と助言を行うことが当面の支援目標に位置づけられた．

　NPO設立支援計画は，この過程で大きく改善された．その背景には，別べつのニーズ（事例ではNPOの設立とボランティア活動の継続）を結びつけることによって，より効果的な事業展開を図るという発想がある．事例では，社協の事務局長による助言が，そのきっかけとなった．このように，事業担当者以外の職員（事例では事務局長）が客観的な視点から助言・指摘するスーパービジョン（支援者の専門性や資質向上を図る関連援助技術）も，事業のマネジメントを促進するうえで重要な取り組みとなる．また，事業のモニタリングと再アセスメントを実施する場合も，スーパービジョンは重要な機能を担っている．
　以上の経過によって改善されたNPO設立支援計画は，「ふれあいいきいき

サロン」を情報（活動事例）の一つとして設立メンバーに提示している．

　事例の社協は，なぜそのような提示にしたのだろうか．それは，メンバー自身による組織の使命（ミッション）と具体的な事業計画の明確化を期待しているからである．このような姿勢の背景には，支援を必要とする人（事例では設立メンバー）の主体性および権利を尊重する福祉専門職の価値観が存在している．

　なお，この過程でAさんからの相談を受ける福祉活動専門員は，市区町村の民間社会福祉活動を推進するために調査，企画，コーディネーション（連絡・調整），広報などを担当している．

6 インターベンション(4)

《事例》NPO設立メンバーと関係機関相互のネットワーキング

　社協から提示された「ふれあいいきいきサロン」などの情報に基づき，NPOの設立メンバーは具体的な事業計画を検討した．その結果，組織の使命（ミッション）は「誰もが気軽に立ち寄れる集会室（サロン）の運営をとおして，地域で生活する人達や社会資源のネットワークをつくる」ことに決まり，事務所はメンバーの自宅の敷地内に設置することとなった．

　また，設立メンバーのAさんは，事前に紹介されたボランティア団体（地域の子どもたちに本を貸し出す活動）の代表者および社協の地域福祉係長とともに自治会の事務所を訪れた．ボランティア団体の代表者と社協がすでに依頼していたため，サロン活動の拠点を管理する自治会との借用手続きは円滑に進んだ．

　その後，AさんをはじめとするメンバーたちはNPOの設立総会を開き，作成した申請書を行政機関に提出した．

　地域福祉係の職員は，自分たちの担当事業にかかわる関係機関や関係者にNPOを紹介した．地域福祉係長は，NPOの設立メンバーとともに行政機関や医療・保健・福祉分野の専門機関，地域の小・中学校，民生・児童委員協議会事務局を訪れた．また，ボランティア・コーディネーターは社協が支援するボランティア（個人・団体）にNPOを紹介し，福祉活動専門員は，小地域福祉活動にかかわる関係者にNPOを紹介した．

　前章④でも述べたように，地域援助技術（コミュニティワーク）は，地域のさまざまな社会資源（サービスや人など）のコーディネーションやマネジメ

ント，ネットワーキングによって，個人または地域のニーズを充足する援助技術である．したがって，この過程における社協職員の取り組み，すなわちNPOと社会資源（各種機関や支援者など）のネットワーキングは，地域援助技術（コミュニティワーク）の一環であることが理解できる．

また，NPOの活動を支援するために，ボランティア団体の代表者や自治会とのコーディネーション（連絡・調整）も同様の取り組みといえるだろう．

さらに，このような地域援助技術（コミュニティワーク）は，支援を必要とする人（事例ではNPO）の主体的な活動を促進する機能も有しているといえよう．

7 インターベンション・終結

《事例》設立したNPOの活動支援と連携

　翌年の1月，行政機関からの認証決定後に法人登記したNPOは，本格的な活動をはじめた．社協の支援によってはじめたサロン活動には，以前から児童図書の貸し出しを利用していた子どもたちと地域で生活する高齢者の人びとが頻繁に訪れた．また，NPOのサロン活動には民生・児童委員だけでなく，地域全体の児童福祉に関する専門的な支援活動を行う主任児童委員も定期的に参加した．社協はNPOの活動を取材し，広報紙（社協だより）に紹介記事を掲載した．

　その後，NPOが事務所の所在地に新しいサロン活動をはじめる際も，社協の地域福祉係に所属する職員たちは，それぞれの担当業務に関連する相談援助を行った．一方，NPOのメンバーは社協の各種事業に協力し，双方が連携を深めていった．

　3月末，社協の地域福祉係は，NPO設立支援計画（事業）の事後評価を行った．その結果，支援プロセス（過程）における成果と課題を整理し，今後，NPOの設立に関する相談援助を行う際の資料として活用することとなった．

　また，今回のNPO設立支援計画（事業）は今年度で終了するが，地域組織化および福祉組織化に関連する相談援助業務は来年度（4月）以降も重点課題として位置づけられた．

　この過程で社協は，設立した後のNPOを支援している．このようなNPOの活動に対する支援は，組織の設立という短期目標にとどまらず，日常生活圏（小地域）を基盤とした住民相互の支援網づくり（インフォーマル・サポート

ネットワーク）という長期目標に基づいている．

　前章第4節でも説明したように，多くの社協は，具体的な短期目標を設定する年度単位の事業計画と「誰もが安心して暮らせるまちづくり」などの理想的目標（長期目標）を標榜する長期計画（地域福祉活動計画など）を策定している．そして，双方の計画（目標）が社協の基本的役割である「地域福祉の推進」を基盤にしている．

　また，この過程では，マネジメントの一環として「事後評価」を行っている．その際，事例の社協は，短期計画（目標）と長期計画（目標）を整理し，一定の成果と今後の課題を明確にした．

　前述したように，事例の「事後評価」は社会福祉援助過程におけるモニタリングおよび再アセスメントと同義である．したがって，社協（職員）が取り組む支援過程は，終結の段階から新たな援助が展開する可能性をもっているといえるだろう．

注・引用・参考文献

1) たとえば，橋本泰子によれば，「ケアマネジメントとは，複合的なサービスニーズをもつ利用者が，安全で安定した自分らしい日常生活を自宅で長期的に維持できるよう，利用者一人ひとりのためのケア態勢をマネジメントする地域ケアの技術である．」と定義している．

〈参考文献〉
① 平山尚ほか『社会福祉実践の新潮流』ミネルヴァ書房，1998年
② 京極高宣ほか『福祉の論点』中央法規，2001年
③ 大橋謙策・手島陸久・千葉和夫・辻浩編著『コミュニティソーシャルワークと自己実現サービス』万葉舎，2000年
④ ノーマン・ジョンソン著（青木郁夫・山本隆監訳）『グローバリゼーションと福祉国家の変容―国際比較の視点―』法律文化社，2002年

学びを深めるために

① 立岡浩・渡辺好章編著『NPO・福祉マネジメントの理論と実践　福祉団体・病院・公益法人・市民事業体・自治体のために』日総研，2000年

社会福祉協議会を含めた広義の非営利組織におけるマネジメントの理論が理解できる．また，非営利特定活動促進法に基づく狭義のNPOと他の非営利組織（社会福祉協議会など）が連携・協働していくための示唆を与えてくれる．

☞ 本節の事例について，あなたが林ソーシャルワーカーだったら，どのような支援を行いますか？　あなたなりの支援を考えてみよう．また，終結の場面では，どのような配慮をして，終結を迎えるか考えてみよう．

☞ いくつかの事例集の中から，興味深い事例を選び，在宅介護支援センターのソーシャルワーカーになったつもりで，居宅介護支援サービスの展開を考えてみよう．

☞ 自分が生活する地域で活動する福祉・保健・医療機関やNPO，ボランティア団体，地域福祉活動実践者（個人ボランティア，民生・児童委員など）を調べよう．そして，市区町村社会福祉協議会とのつながり（ネットワーク）を整理（図式化など）してみよう．

学びのオリエンテーション

障害者ケアマネジメント従事者研修

　平成 15（2003）年4月より，障害者施策においても措置制度から支援費制度に移行され，障害者の立場に立って，サービスをつないでいくケアマネジメントが本格的に実施された．

　Aさん（26歳）は，B市障害者福祉担当として，障害者ケアマネジメント従事者研修（新規）に参加することになった．この研修内容は，3日間（全日）で行われ，障害者福祉の動向やケアマネジメントの基礎理論，社会資源の活用相談面接技術等の講義や演習と盛りだくさんの内容である．Aさんは，盛りだくさんの内容に面食らった．しかし，もっと驚いたのは，当事者といわれる人たちからさまざまな現実の話を聞いたことだった．研修において，当事者の話を聞くという経験はこれまでまったくなかった．

　この研修を通して，Aさんは，障害者やサービス提供者と対等な関係を築くための信頼関係を形成する力，障害者を一人の生活者として理解する専門的面接技術，利用者とともにニーズを明らかにしていくアセスメント力，地域にあるさまざまな社会資源の知識や理解力，社会資源の改善や開発に取り組む姿勢，支援ネットワークの形成力，チームアプローチの展開力などを学んだ．また，ある身体障害者の方が「いろいろな人にお世話になっていますが，自分の生き方は自分で決めていくようにしたい」とセルフケアマネジメントの考え方（障害者ケアマネジメントの中で取り入れられている，地域での自立生活を作り上げていく中で行うマネジメントで，関連諸制度や地域の社会資源を利用するうえで，当事者自身が自分で決定していくことである．障害者ケアマネジメントの最終到達地点といわれている．）を説明してくれた．その話を聞き，Aさんは，「障害者がセルフケアマネジメントを行う」という視点を忘れず，利用者にどう関わっていけばよいかを考えてみようとまた決意を新たにした．

坪井　真

学びのオリエンテーション

広がる地域福祉活動の担い手

　2000（平成12）年に制定された社会福祉法は，日本の社会福祉が措置制度から利用・契約制度に転換し，従来の施設中心であった政策が地域福祉中心の政策に移行することを示している．また，介護保険に民間営利企業が参入し，特定非営利活動促進法に基づく法人組織（以下「NPO」という）が増加するなど，地域福祉の分野をはじめ，日本の社会福祉供給主体は多元化が進んでいる．

　わが国の場合，地域福祉活動は民生・児童委員や市区町村社会福祉協議会（以下「社協」という）が支援するボランティアなどを中心に進められてきた．しかしながら，近年は地域を基盤とした〈保健，医療または福祉の増進を図る活動〉に取り組むNPOが増加し，新たな地域福祉活動を展開している．（下表）

　このような状況の変化は，支援を必要とする人びとへのサービス提供が多様化することを示している．一方，従来からの担い手（社協が支援するボランティアや民生・児童委員など）と新たな担い手であるNPOとのネットワーキング（意図的な働きかけによる結びつき）が課題である．

（表）民生・児童委員，社協が支援するボランティア，NPOの時系列変化

	1999(H11)年	2000(H12)年	2001(H13)年	2002(H14)年	2003(H15)年
民生・児童委員（人）	210,271 (100)	214,926 (102)	215,269 (102)	215,444 (102)	224,032 (107)
ボランティア（人）	364,504 (100)	362,569 (99)	385,428 (106)	367,694 (101)	385,365 (106)
ボランティア（団体数）	90,689 (100)	95,741 (106)	97,648 (108)	101,972 (112)	118,820 (131)
NPO（法人数）	1,137 (100)	2,000 (176)	3,464 (305)	5,568 (490)	7,755 (682)

備考
1）厚生労働省（民生・児童委員），全国社会福祉協議会（社協が支援するボランティア），内閣府（保健，医療または福祉の増進を図るNPO）の各統計資料に基づき筆者が作成．
2）民生・児童委員は各年度末現在，ボランティアは各年4月現在，NPOは各年9月現在の数値である．
3）2000（H12）年以降における括弧内の数値は，1999（H11）年を100とした指数（小数点第一位を四捨五入）である．

坪井　真

第5章
社会福祉援助技術における近年の動向と援助者のあり方

① 新しい概念と援助のあり方

《事例》ドメスティック・バイオレンスを受ける女性たち

　A県の私立大学社会福祉学部3年生のS子さんは，夏休みに母子生活支援施設で社会福祉士の実習をすることになった．かねてからドメスティック・バイオレンスの問題に興味をもっていたS子さんにとっては，望み通りの実習先であり，意欲をもって実習を開始した．母子生活支援施設にいる親子の中に，タイ人女性とその3歳になる娘がいることを知り，S子さんは最初，驚いた．ドメスティック・バイオレンスについても十分に事前学習したつもりであったが，配偶者間，パートナー間の暴力といっても，男性も女性も日本人であるという発想が潜在的にS子さんの中にあったのである．しかし，国際結婚が増加する中で，日本人夫から外国人妻に対する暴力のケースも多くみられるようなり，母子生活支援施設や民間シェルターのサービスを必要とする外国人女性たちが増えてきているのである．

　日本で生まれ育った日本人女性にとっても，夫からの暴力から逃れるために行動を起こすことは容易なことではない．外国人妻の場合，日本語が不十分である，日本の社会のシステムがわからずどこに助けを求めてよいかわからない，サポートシステムが欠如しているなどの要因から，さらに状況が困難なものになる．また，離婚することにより日本での在留資格を失うことを恐れて夫の元にとどまる場合も多いと考えられる．

　社会福祉援助技術とは，社会福祉の実践活動を遂行する上で活用される専門的技術である．社会の変化にともない，社会福祉の対象者や社会福祉のニーズも変容していく．援助技術を実践していく上でも，その社会状況に見合った新しい援助の方法や概念が開発されていく必要があるだろう．たとえば，グローバル化により地球規模で人びとの移動が活発化している国際的な状況の中で，日本に居住する外国人が増加している．これらの人びとに対する社会福祉は，従来の日本の社会福祉の枠組みでは見落とされがちであったが，今後の社会福祉における重要課題の一つになりつつある．後で述べるソーシャルインクルージョンの考え方などは，この外国人の問題を支援していく上で重要である．ここでは，社会福祉援助技術の新しい概念として，エンパワーメント，アドボカシー，ソーシャルインクルージョンを取りあげる．

1 エンパワーメント

　エンパワーメントという言葉は，今日，社会福祉，発展途上国の開発，医療と看護，ジェンダーなど多様な領域で活用されている．久木田（1998年）によると，エンパワーメントのプロセスは，「すべての人間の潜在能力を信じ，その潜在能力の発揮を可能にするような人間尊重の平等で公正な社会を実現しようとするという特定の価値に根ざす[1]」ものであり，「社会的に差別や搾取を受けたり，組織のなかで自らコントロールしていく力を奪われた人びとが，そのコントロールを取り戻すプロセス[2]」である．

　たとえば，ジェンダーの領域でもエンパワーメントという言葉が多く使われるようになってきている．女性は男性優位の社会構造の中で，本来もっている能力を生かしきれず力を奪われた状況におかれがちである．日本の社会の状況をみてみると，子育てや介護負担を引き受けるのは女性の役割という構造の中で，仕事を通して能力を発展させることや自分の経済力を確保することを断念せざるをえない女性も多い．このような状況の中で，男女の役割についての社会通念がいかに自分の状況に影響を与えているかを理解し，自分で人生をコントロールしていけるように行動していくことがエンパワーメントのプロセスにつながる．

　エンパワーメントは，アメリカの公民権運動や南アフリカの反アパルトヘイト運動でも多くもちいられた言葉でもある．1960年代のアメリカでは，アフリカ系アメリカ人，アジア系アメリカ人，ネイテイブ・アメリカンなど白人主体の社会の中で抑圧されていたマイノリテイ・グループの人びとが権利を主張する公民権運動が全米に広がった．この公民権運動の成功は，法的権利の獲得や政治への参画などマイノリテイの人びとの権利拡張を導いた．この公民権運動に影響を受け，ブラジルで成人の識字教育を展開したのがパウロ・フレイレである．フレイレは，抑圧された貧しい人びとが抑圧の構造を理解，意識化し，それを踏まえて自らが文化の作り手になって行動するプロセスを明らかにして

いったが，この考え方はエンパワーメントの思想に大きな影響を与えたと考えられている．

　それでは，ソーシャルワークの実践におけるエンパワーメントとはどのようなものなのだろうか．*The Social Work Dictionary* (1999) によると，エンパワーメントとは，「個人，家族，グループ，コミュニテイが個人的，対人的，社会・経済的力および政治的力を増加させ，彼らを取り巻く状況を改善できるように援助を行うプロセス」[3]である．

　川田 (2000年) は，ソーシャルワークの分野で最初にエンパワーメントの概念を発達させたのは，バーバラ・ソロモンであると指摘し，ソロモンによるつぎの定義を紹介している．「エンパワーメントは，スティグマを負わされた集団のメンバーであることに基づいて加えられた否定的な評価によって引き起こされたパワーの欠如状態を改善することを目指して，クライエントもしくはクライエント・システムとソーシャルワーカーが共に活動していく過程である」[4]

　久木田 (1998年) が指摘しているように，エンパワーメントは多様な分野で用いられていながら，それぞれの分野においての定義が明確でなく，それらを統合する概念整理も不十分である．わかりやすいようでとらえどころのない側面があり，今後，各分野での，また分野で共通する概念の明確化が求められる．以下にイメージを具体化するために，エスニック・コミュニテイに対するエンパワーメントの事例をあげておく．

《事例》ハワイアン・コミュニテイにおけるエンパワーメント

　アメリカ・ハワイ州にあるＱチルドレンズ・センターは，ハワイの先住民族であるハワイアンの子どもたちとその家族に対して援助を行う民間の社会福祉機関である．ハワイアンは，西欧文明の侵略により，本来所持していた自然の資源や土地，ハワイアンの文化や言語を剥奪された歴史がある．ハワイ州に居住するさまざまな民族の中でも，貧困層に属するものの割合が多く，社会福祉の支援を必要とする分野の主な問題としては，アルコール依存，薬物依存，ドメスティック・バイオレンス，児童虐待などがある．

　このような背景をもつ子どもたちとその家族を対象に，Ｑチルドレンズ・センタ

ーでは，経済的援助，情緒的援助，虐待予防を目的に個別援助技術，集団援助技術，カウンセリング，コミュニテイ支援を行っているが，ここでは特にハワイアンのエスニック・コミュニテイへの支援に注目したい．

　Qチルドレンズセンターでは，ハワイアンの人たちが本来なりわいとしていたハワイアンの伝統に基づく農業や漁業の手法を身につけ，実践することによって自信を回復し，経済的に自立できるための取り組みがなされている．農業や漁業の指導を行ったり，エスニック・コミュニテイの開発を行うコミュニテイ・デベロップメント・コーディネーターもハワイアン当事者の人たちである．また，現在ハワイ語を操ることのできる者の数は限られているが，子どもたちにハワイ語やハワイアンの文化や伝統を教える取り組みも行われている．このように自分たちの文化や伝統を取り戻し，当事者同士が働きかけることによって力をつける試みが実践されている．

2 アドボカシー

　アドボカシーは，ソーシャルワーカーがもちいる援助の中でも常に重要な位置を占めてきており，とくに新しい考え方や方法ではない．しかしながら，時代の流れやソーシャルワークの発展にともない，アドボカシーのとらえ方や方法もより洗練されたものになってきている．

　Encyclopedia of Social Work (1995) によると，アドボカシーは，「社会正義を確保，もしくは継続することを目指し，個人，グループ，コミュニテイのために直接的に代弁する，擁護する，介入する，サポートする，ある一定の活動を促す行為」と定義されている．[5] 日本語では，代弁機能と同義とも考えられている．サービス利用者が自分たちだけでは問題状況を改善するための行動を起こしたり，権利を主張することが困難である場合，ワーカーが利用者になりかわって行う活動といえよう．

　ワーカーは代弁を行うだけでなく，利用者が自らの力で状況を改善できるように支援していく必要がある．よって，アドボカシーは，個人もしくはコミュニテイをエンパワーする行為というとらえ方もある (*The Social Work Dictionary*, 1991)．ワーカーはまず利用者を苦しめている環境上の問題に対して，利用者個人やコミュニテイがどの程度エンパワーできるかを判断する．アドボカシー

が実際に行われたあとも，個人やコミュニティ自身が状況改善のために自らが担うことのできる役割を見極め，それを遂行していけるよう支援していかなければならない。そしてとりわけ自分の力でエンパワーできない利用者に対してアドボカシーを行う。

アドボカシーはともすれば，エンパワーメントの項で述べたアメリカの公民権運動に代表されるようなマクロ実践の活動と考えられがちであるが，個別の利用者を扱うミクロ実践においてもアドボカシーは活用される。ミクロ実践におけるアドボカシーは，ある特定の利用者の環境に向けて行われるが，マクロ実践におけるアドボカシーは，政策を通して利用者の環境に変化をもたらすための介入である。個別ケースの支援が中心か，コミュニティへの働きかけに重点をおくのか，ワーカーの働く場所によってアドボカシーのレベルは異なってくるが，両方のレベルのアドボカシーを一人のワーカーが実践することもありうる。

《事例》外国人を支援する民間団体でのアドボカシー

関東地方にある民間団体Sセンターは，日本に居住する外国人のさまざまな生活問題の相談業務を行う外国人支援団体である。外国人利用者の抱える問題としては，夫婦関係の問題，親子関係，医療費，在留資格と多岐にわたる。

これらの問題に対してSセンターでは，ケースワークやケースマネジメント，社会資源のコーディネーションといったミクロ的支援と同時に自治体交渉といったソーシャルアクションも行っている。

ワーカーのMは，個別の外国人利用者を支援する上で，福祉事務所や裁判所，入国管理局などに同行することも多い。それは，外国人利用者にとって複雑な日本語での手続きを行うことが困難だからということだけではない。利用者の文化的・社会的背景が十分に認識されないため利用者の言動や状況が正しく理解されないこともあるからだ。利用者の状況や問題，文化的背景を関連機関に説明し理解を促したり，外国人もサービス対象者であるという意識をもってもらうように働きかけることも，ワーカーの重要な役割である。

Mは，また個別支援の業務の傍ら大学の研究者たちと協働して，外国人利用者の生活問題のニーズ調査を行い，その調査結果をもとに行政に対して外国人の支援体制の改善に向けての提言活動を行っている。

社会の意識の変革や政策の改善を実現するのは容易ではなく，マクロレベルのアドボカシーは時間がかかり，たとえ変化をもたらしたにしてもその歩みはきわめてゆるやかであったりする．一方ミクロレベルのアドボカシーは，目の前の利用者を擁護しその状況の変化をみることができる．しかし，法の壁や社会制度の仕組みに阻まれ，どうにも利用者の権利を擁護することができない場合もある．そのような状況を改善していくためにも，マクロレベルのアドボカシーが重要な役割をもつ．

3 ソーシャルインクルージョン

《事例》無国籍児　ノーラの事例

　ノーラは，フィリピン人の父母，ホセとエミリーの間に生まれた5歳の女児である．ホセとエミリーはともにフィリピンから出稼ぎのために来日し，ホセは土木作業員として，エミリーはエンターテイナーとして働いているうちに知り合い，同棲を始め，ノーラをもうけた．しかし，ホセもエミリーもオーバーステイであり，ノーラの国籍取得の手続きにフィリピン大使館に出向くことにためらいがあるため，ノーラは現在に至るまで無国籍である．ノーラの世話はホセとエミリーが交代でみているが，ノーラは幼稚園に行っておらず1日家でテレビをみていることが多い．乳幼児健診や予防接種の通知の対象にならないノーラは生まれてからほとんど医者にかかったことがない．先日はじめて外国人医療を支援するボランティア団体主催の無料健康診断を受けた．

　ソーシャルインクルージョンは，日本語では社会的包含を意味する．ソーシャルインクルージョンは，イギリスやフランスにおいて政策目標として取り上げられるようになってきているが，日本においても「社会的な援護を要する人びとに対する社会福祉のあり方に関する検討会の報告書」（厚生省社会・援護局，2000年）を契機として社会福祉の領域においてその考え方が広がりつつある．

　上記報告書によれば，現代においては，「心身の障害・不安」「社会的排除や摩擦」「社会的孤立や孤独」といった問題，たとえば社会的ストレス，外国人の排除や摩擦，孤独といった問題が重複・複合化している．これらの問題が発

生しながら解決に至らない理由としては，家庭や地域のつながりの希薄化，行政実施主体による従来の枠に収まらない援助対象者の見過ごし，福祉サービス提供者側の福祉ニーズの見落としなどがあげられる．そしてこれらの諸問題に対応するため，「今日的な『つながり』の再構築を図り，すべての人びとを孤独や孤立，排除や摩擦から援護し，健康で文化的な生活の実現につなげるよう，社会の構成員として包み支えあう」新しい社会福祉の考え方として，ソーシャルインクルージョンを提唱している[6]．

ソーシャルインクルージョンと対極に位置するのが，ソーシャルエクスルージョン，つまり社会的排除である．実際問題として日本に滞在する外国人の中には不法滞在などその複雑な状況ゆえに，人間として生きていく上で基本的サービスからも切り離されて生活している者もいる．

グローバリゼーションが進む中，発展途上国と先進国との貧富の差は拡大する一方である．このような状況の中で，日本に出稼ぎにやってくる外国人が増えることが今後も予測され，よってノーラのような子どもの存在も増加すると考えられる．また，子どもたちが年長になるにつれて，その問題はさらに深刻になる．制度の狭間に落ちたこれらの子どもたちを人道的な立場からどのように救い上げ，社会的に包含していく枠組みを作っていくかが課題である．

② 国際化と社会福祉援助活動

《事例》フィリピン人女性シルビアの事例

　フィリピン人女性シルビアは32歳，日本人男性の夫との間に7歳の娘がいる．シルビアは日本に来て9年になるが，夫が外に働きに行くことに反対するため，専業主婦を続けている．テレビ番組を観て日本語の独学を続け，日常会話は何とかできるものの，読み書きは困難である．日本のしきたりや社会の仕組みについてもわからないことが多い．先日，娘の小学校の入学式があったのだが，そこでシルビアはとても恥ずかしい思いをした．他のお母さんと子どもたちは正装をしているのに，

自分と娘だけがまったくの普段着だったからである．正装して入学式にのぞむような習慣のないフィリピンから来たシルビアにとっては，着飾った親子の姿は思いもよらない光景であった．今後も娘の通知表のことや，学校からの複雑なお知らせの内容などを理解し，対応できるのか．夫は仕事で忙しくシルビアがいろいろ聞くのを嫌がるし，シルビアは不安である．

　日本に居住する外国人の増加にともない，日本人と異なる文化的背景をもつ人たちが日本の学校に入学する，医療サービスや社会福祉サービスを活用する度合いが増えてきている．それぞれの国の状況により，教育制度，医療や社会福祉サービスのシステムは異なるため，外国人の人たちの対応が日本人と異なるものであるからといって一概に非常識と決め付けるのは避けなければならない．異なる文化的背景をもつ人たちを理解し，効果的に支援を行うためには，この節で述べる「異文化間ソーシャルワーク」が必要である．

　現代は，地球規模での人びとの移動が活発になっており，国際人流時代ともいわれている．このような状況の中で社会福祉の領域においても，国境を越えて援助を行う必要性や，日本人と異なる文化的・社会的背景をもつ人たちを援助の対象とすることが増加している．先進国と発展途上国の貧富の差が拡大する中，貧困や劣悪な環境に苦しむ途上国の人たちの自立支援を行うため，海外で支援活動を実践するためのソーシャルワークの方法論や技術の検討が必要である．

　一方，近年の日本に居住する外国人の増加にともない，急速に進行する日本の「内なる国際化」にソーシャルワークの立場からどう関わっていくかも大きな課題である．ここでは，「日本の内なる国際化」に焦点をあて，外国人の現状や抱える生活問題，それらの問題に対応するための援助の考え方や方法，具体的な援助活動を取りあげる．

1　「内なる国際化」の現状

　法務省入国管理局によれば，2001年における外国人登録者は，177万8,462人で，わが国の総人口1億2,729万749人の1.4％である．これは全国で71人にひとりが外国籍者であることを意味し，また外国人居住者が多い東京都，

168

図 5-1　外国人登録者総数・わが国の総人口の推移

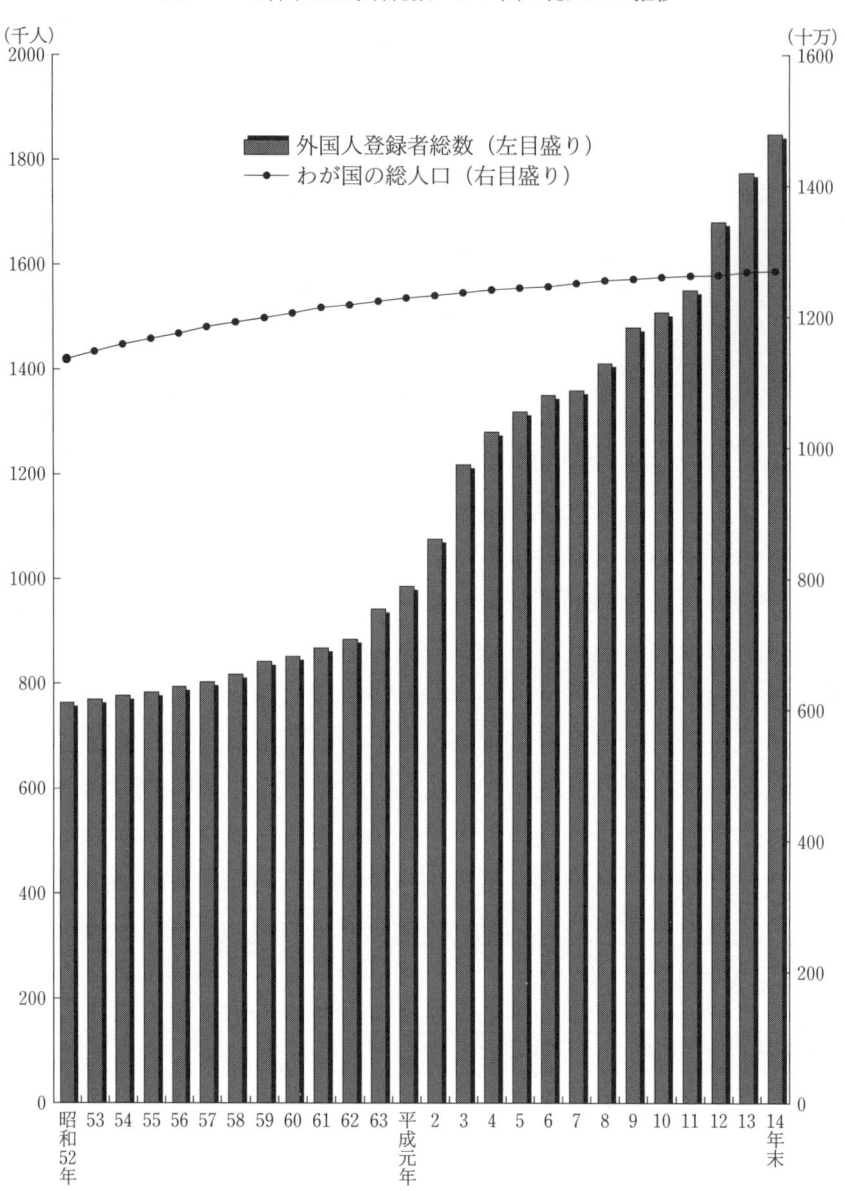

(千人)　　　　　　　　　　　　　　　　　　　　　　　　　　　(十万)

■ 外国人登録者総数（左目盛り）
● わが国の総人口（右目盛り）

昭和52年　53　54　55　56　57　58　59　60　61　62　63　平成元年　2　3　4　5　6　7　8　9　10　11　12　13　14年末

出典：『平成15年版　在留外国人統計』法務省入国管理局，2003年

大阪府，愛知県では住民の約50人にひとりが外国籍住民である．図5-1から
も明らかなように，外国人の増加率は，わが国の総人口の増加率に比べて急激
な伸びを示しており，特に過去10年における伸びはいちじるしい．

　この外国人登録者の7割以上がアジア地域の出身者で占められている．近年
急激に増加している南米地域の出身者も約2割存在し，アジア地域と南米地域
出身者で外国人登録者の9割以上を占めている．国籍別にみると，もっとも数
が多いのは韓国，北朝鮮であり，以下中国，ブラジル，フィリピン，アメリカ，
ペルーと続く．特徴的なことは，過去10年の推移において韓国，北朝鮮がも
っとも数が多いといっても横ばいから減少傾向になっているのに対し，中国，
ブラジル，フィリピン，ペルーは増加を続けている．つまり在日韓国，北朝鮮
人に代表されるオールドカマーに対して，南米やアジア諸国からのニューカマ
ーが増加している．

　これらの外国人登録者の在留資格は大きく分けると，「永住者」と「非永住
者」がある．オールドカマーが大半を占める「永住者」が減少傾向にある一方，
「非永住者」は増加を続けている．この「非永住者」の在留資格には「日本人
の配偶者等」，「定住者」があり，以下「留学」「家族滞在」「興業」と続く．
「日本人の配偶者」はここ15年ほどで急激に増加し，国籍別にみるともっとも
多いのがブラジル，以下中国，フィリピン，韓国，北朝鮮，タイと続く．ニュ
ーカマーの「日本人の配偶者」の大半は女性であり，日本人男性と外国人女性
の国際結婚の増加を裏づけるものである．また，「定住者」の外国人登録者も
増加傾向にありそのうちブラジルが約半数を占めるが，これらの人びとは日本
に出稼ぎにやってきて移住労働者として長期滞在している層に属すると考えら
れる．以下，多い順に国籍をみてみると，中国，ペルー，フィリピン，韓国，
北朝鮮となっている．

　このように中国，ブラジル，フィリピン，ペルーなどからの多様なニューカ
マーが増加していること，特に一過性の滞在ではなく日本人と結婚して定住し
たり，移住労働者として長期に滞在する生活者としての外国人，つまり滞日外

国人が増えてきているといえる．

2 滞日外国人の抱える生活問題

　外国人が日本に長期滞在，もしくは定住するようになると，来日当初の文化や言語の違いによる戸惑いといったこととは異なる生活問題が生じてくる．特に中国，ブラジル，フィリピン，ペルーといった国から移住労働者として来日するニューカマーは，男女いずれも20～30代の本来なら自国の労働力の担い手となる年齢層に集中している．この年齢層は，また結婚し家族を形成していく層でもあり，外国人女性が日本人と結婚したり，外国人同士が日本で知りあい家族を形成したりということも増えている．ここでは，国際結婚家族および外国人移住労働者の家族の生活問題を中心にみてみることにする．

　日本人と外国人の国際結婚は1980年代後半から急増し，2001年には全国で20組に1組が国際結婚の割合になっている．[8] 特に日本人夫と外国人妻の結婚の増加はいちじるしく過去15年余りの間におよそ30倍に増えている．外国人妻の国籍で一番多いのが中国，以下フィリピン，韓国・北朝鮮，タイと続く．これらの女性たちの多くは，出稼ぎにやってきたエンターテイナーや，嫁不足対策として農村花嫁に迎えられたニューカマーの女性たちと考えられる．

　国際結婚が増加する中，日本語によるコミュニケーションの困難さ，生活習慣や宗教，男女の役割に関する考え方の違いなどから，結婚生活に悩みを抱える外国人妻も多く存在する．ドメスティック・バイオレンスや夫の浮気に耐えかね，離婚を考える外国人妻のケースも増えてきている．また，自分は母国の言語，文化を中心とした生活をしているのに，日本人夫との間に生まれた子どもは日本の学校に通い日本語しかしゃべらないため，母子のコミュニケーションがとれずに悩む外国人妻もいる．

　1990（平成2）年の入管法の改正後，ブラジル，ペルーからの日系人外国人移住労働者の増加がいちじるしい．結果として，これらの出稼ぎ労働を行う親とともに日本にやってきた外国人児童の数や，父母ともに外国人である子ども

が日本で生まれる割合が増加している．

　これらの子どもたちは就学上，さまざまな問題を抱えている．外国人の親たちは経済的事情から実質的には日本への長期滞在から定住へと移行しているが，意識的にはゆくゆく母国に帰るつもりの者が多い．よって子どもの日本での教育も暫定的なものととらえられがちで，子どもの日本での教育にあまり積極的でなかったりする．また，親自身長時間労働で生活に追われ子どもの教育を支援するゆとりがない．このような状況の中で日本語も母国語もおぼつかない「セミリンガル」の子どもや不登校の子どもたちが増加している．家族の日本滞在の長期化，定住化が進むにつれて，子どものほうが日本語能力にすぐれ，日本の事情がわかるため子どもが非行に走ってもコントロールできない場合もある．

　外国人の増加にともない，過去10年あまりの間に各自治体による外国人に対する生活情報提供の取り組みや日本語教育支援のシステムは，かなり発展してきた．しかし，先にのべたような長期滞在・定住化にともなうより複雑な生活問題，家族問題への対応は立ち遅れている．これらの問題に効果的に対応するためには，ソーシャルワークの知識や技術を導入した相談支援体制の整備が必要である．

3　「異文化間ソーシャルワーク」と滞日外国人支援

　従来，日本ではその居住者の圧倒的大多数が日本人であることもあり，社会福祉は，日本人に向けての制度・政策の枠組みの中で，日本人を援助の対象とすることが一般的であった．しかし，外国人の増加にともない，ソーシャルワークのクライエントは日本人だけではないことを認識すること，異なる文化的背景をもつクライエントを支援する上で多文化の視点をもつことが必要になってきている．筆者はこの多様な文化的背景をもつクライエントに対するソーシャルワークの枠組みを「異文化間ソーシャルワーク」と定義している．

　「異文化間ソーシャルワーク」とは，クライエントとワーカーが異なる文化

に属する援助関係において行われるソーシャルワーク，もしくはクライエントが自分の文化と異なる環境に移住，生活することによって生じる心理的・社会的問題に対応するソーシャルワークである．前者の例としては，日本人のソーシャルワーカーがブラジル人のクライエントの相談を受けるなどがあげられる．後者としては，日本人と結婚して農村に嫁いだタイ人女性が生活習慣の違いや家族とのコミュニケーションの困難さからストレスを抱えているケースに対応する，などが考えられる．このような「異文化間ソーシャルワーク」を実践できるワーカーを「異文化ソーシャルワーカー」と呼ぶこともある．

　異なる文化的背景をもつクライエントを直接的に支援する場合に活用される主だった援助技術としては，以下のものがある．
(1)　クライエントの社会的・文化的背景の尊重
　クライエントの文化的特色，たとえばその文化においてどのような生活習慣，風習，宗教観，家族観，子育て観があるかといった基礎知識を得る．日本で不法滞在のまま出稼ぎ労働を続けていたり，在留資格のために不本意な結婚生活を継続しているクライエントをよりよく理解していくには，クライエントの属する国の社会的・経済的状況を把握しておくことも重要である．
(2)　日本的価値観のものさしに気づく
　日本的な価値観のものさしでクライエントを判断していないか，自己覚知をする能力が求められる．言い換えれば，自文化を見つめなおし，自分の中の偏見にも目を向けていく姿勢が必要である．
(3)　日本への適応のアセスメント
　クライエントがどのくらい日本に適応して生活しているか，適切なアセスメントを行う．適応の見極めの要因としては，日本語能力，経済力，サポートネットワークの存在とその質，などがあげられる．
(4)　クライエントの代弁者となる
　連携機関が外国人のケースに不慣れなため協力に消極的な場合や，クライエントの文化的・社会的背景が十分に認識されていないためクライエントの言動

が誤解されたり，在留資格の状況が正しく理解されない場合，クライエントの状況や問題，文化的背景を他の援助機関に説明し理解を促す．外国人も日本人と同等に，サービス対象者であることを認識していくよう他機関の援助者の意識を高めていくことも重要である．

(5) 適切な通訳の活用

　サービス提供者側がクライエントの言語と文化に馴染みがない場合，通訳を介することで，日本語ではとても知り得なかったクライエントの生活状況の子細や微妙な感情の動きを知ることができる．また，クライエントの国の文化や風習についての知識も得られる．バイリンガル・バイカルチュラルな人材が，クライエントの文化の情報提供者および代弁者として有効な役割を果たす．

(6) ソーシャルネットワークの拡大

　外国人のクライエントは，日本の社会システムに馴染みがないことや，言葉の障壁，もしくは不法滞在であるといった理由から，既存の日本の福祉サービスを敬遠しがちである．外国人を支援するボランティアグループ，日本語教室，教会，外国人自助組織など，クライエントの文化や言語にアクセスがあり，クライエントが信頼を寄せているインフォーマルな組織とネットワーキングすることが大切である．

《事例》日本人夫からの暴力を受けているジョセフィンの事例

　ジョセフィンは，日本人男性と結婚して5年目の27歳の女性である．夫はスナックで働いていた時の店の客である．夫は結婚当初から暴力をふるい，ジョセフィン以外の女性との関係も続いている．ジョセフィンは結婚後しばらく専業主婦をしていたが，夫がきちんと家にお金をいれてくれないので再びスナックで働き始めた．しかし，ジョセフィンは日本に留まりフィリピンの家族に仕送りを続けるため夫と別れるつもりはないという．

　このようなケースをワーカーとして担当する場合，シルビアがなぜ日本に移住労働者としてやってくるのか，なぜ不本意な結婚を続けたりフィリピンの拡

大家族を養っていかなければならないのかなどを理解し（1．クライエントの文化的・社会的背景の尊重），相手の文化の立場によりそって支援をしていく必要があるだろう（2．日本的価値観の文化のものさしに気づく）。また，シルビアがどの程度日本の生活になじんでいるか，サポートしてくれる友人の有無などをみていくことも重要だ（3．日本への適応のアセスメント）。シルビアが孤立している場合，フィリピン人女性の自助組織などに繋げていく方法も考えられる（6．ソーシャルネットワークの拡大）。必要とあれば通訳を介して面接を行い（5．適切な通訳の活用），もしシルビアが夫と別れ自立することを望むのであれば，シェルターや福祉事務所，家庭裁判所などの社会資源にシルビアの状況を理解してもらい，協力を仰ぐ働きかけが必要である（4．クライエントの代弁者になる）。

日本ではまだ，外国人もサービスの対象であることを前提とした支援の枠組みが整備されておらず，行政職員や援助専門職者の意識も立ち遅れている。「多文化共生社会」という言葉はよく耳にするようになったが，言葉だけが先行し，外国人も住民であり日本の生活者であるという意識は，まだ日本社会に根づいているとはいえない。ここに提示したような直接的支援のケースが効果的に実践されるためにも，日本の社会，地域，サービスシステムが変容していく必要がある。

3　援助者と組織

《事例》施設職員の悩み

私は，大学を卒業し，すぐに高齢者福祉施設のソーシャルワーカーとして働き出し3年経った。私の職場は，ソーシャルワーカーは私一人で，介護職や看護職，調理職等は，介護保険制度施行の影響からか，非常勤職員が多くなり，職員の入れ替わりも多くなった。そのうえ，それらの職種が担当しない仕事はソーシャルワーカーとしての業務とともに，私が担当しなければならない状態となり，施設職員をまとめる管理職としての役割も与えられている。そのような状況の中，私は，最近，

職場に向かうことにとてもストレスを感じるようになってしまった．それに伴い，これまでなら何ごともなくこなしてきた仕事がなぜかうまくこなせなかったり，同僚とも打ち解けて話をすることができなくなってきた．気分転換をしようとしても休みの日でも仕事のことが気になり，気分がなかなか晴れないでいる．このようなことをバーンアウト（burnout syndrome 燃え尽き症候群）というのだろうか？

　福祉の仕事は，人が人の生活を支援をするものである．求められる仕事の範囲もさまざまであいまいさがある．それゆえ，やればやったできりがなく，手を抜こうと思えばそれも可能である．そのような中，ソーシャルワーカーは，専門職として必要な知識，技術，価値と倫理を十分駆使し，利用者の利益を最優先して，日夜，活動している．また，それと同時に，施設や機関等の何らかの組織に属しており，その組織の使命達成のために最善を尽くすという役割も担っている．

　本節では，援助者と組織の関わりに関する重要な3つのトピックを取り上げ，援助者のあり方を考えていく．

1 バーンアウト（燃え尽き症候群）

　ソーシャルワーカーは，社会福祉基礎構造改革等の大きな変革の大きなうねりの中，新しい制度の矛盾のために生活困難をきたしている人びとの現状に接しつつ，制度の要求する業務に忙殺されて，ソーシャルワーク本来の援助方法では実践できていない焦りと不安で，社会福祉士等の国家資格を取得したにもかかわらず，バーンアウト状態に陥ってしまう危険が日常的にソーシャルワーカーに忍び寄っている．

(1) バーンアウトとは（burnout syndrome 燃え尽き症候群）

　バーンアウトは，たとえばソーシャルワーカーが利用者を支援する過程において，心的エネルギーがたえず過度に要求された結果，極度の身体的疲労と感情の枯渇を示す症候群で，ヒューマンサービス従事者の職業病ともいわれてい

る．副田によれば，「バーンアウトとは，職場で意欲的に働いていた人が，急速に，かつ著しくその働く意欲をなくし，仕事によって疲れ果てたという感情によって働くのを厭うようになったり，燃え尽きたように働けなくなる状態[9]」と整理している．

(2) バーンアウトの状態

バーンアウトに陥っている状態では，慢性的な，また情緒的な疲労，身体的な疲労等の心身の諸症状を抱えているだけでなく，逃避的になったり，自己否定感にさいなまれたり，利用者に対する思いやりに欠けるようになるなど機能不全の行動が目立ち，出勤が困難になる．家庭生活にまで希死念慮が出現するなど，特にヒューマンサービス業務に従事する人に多くみられるという特徴がある．そういう状況にソーシャルワーカーが陥っていれば利用者に対してよいサービスを提供することは不可能であり，利用者に対して虐待が起こる場合もある．さらに欠勤，勤務態度の悪化や怠慢といったことが続き，退職に至る場合もある．このように利用者，従事者双方にとって望ましくない状況を発生させるのが，バーンアウトである．

(3) バーンアウトを防ぐために

利用者へのよりよいサービス提供のためには，サービス提供に携わるソーシャルワーカーがバーンアウトに陥ることをできる限り避けさせるべきであることはいうまでもない．利用者本位の社会福祉サービスの実現のためには，ソーシャルワーカーがバーンアウトに陥らないような条件整備が必要であるといえる．バーンアウトは主として個人の問題と思われがちであるが，マステック・Cらによれば「バーンアウトは，個人の問題ではなく，その人が働いている社会環境上の問題である．[10]」という指摘があるように，けっして個人の資質の問題だけととらえてはならないと考えるべきである．むしろ，従事者が所属している組織にもバーンアウトの課題があるととらえて，その対策も重視しなけれ

ばならないだろう．

　つまり，利用者が最大限の利益を享受するためには，ソーシャルワーカーがバーンアウトに陥ることのないように個人のストレス予防はもちろんのこと，ソーシャルワーカーが所属する組織においても組織的なサポート体制の整備も必要不可欠である．また，サポート体制の面では，日本ソーシャルワーカー協会や（社）日本社会福祉士会などの職能団体の果たすべき役割も大きいと思われる．

2 チームワーク

　「プロジェクト X」（NHK）というテレビ番組がある．この番組は，東海道新幹線開通，大阪万博での警備，明石大橋架橋など，プロジェクトチームの挑戦の記録と証言を内容としている．ひとりの秀でた人の活躍ではなく，名もない技術者たちがチームワークにより確実に実践して偉大な成果を得ている．われわれの社会福祉の援助においても，まさにこのチームワークによって支えられている．

《事例》高齢者福祉施設におけるチームワーク

　私は，特別養護老人ホーム（以下，特養と記す．）で生活相談員をしている．私の働いている特養には，経営者である理事長をはじめ，施設長，事務職員，生活相談員，介護支援専門員，介護職員，看護師，栄養士や調理員のほか，非常勤ではあるが，理学療法士，作業療法士，医師や運転手等のさまざまな職種の職員が勤務している．私や介護職員のように，利用者に直接的にかかわる職員もいれば，間接的にかかわる職員もいる．いずれにしても私たち職員は，施設自体の運営目的，方針，援助目標を十分理解し，チームワークで利用者の方がた個々のニーズに応えるという職務に取り組んでいる．その職務を遂行するためには，利用者のご家族や地域のボランティアなどの協力も得ている．

　また，私は在宅で暮らす独居高齢者（以下，利用者と記す．）の支援も行っている．もちろん，私一人でその方を支援しているわけではなく，市のケースワーカー，保健師，訪問介護員（ホームヘルパー），かかりつけの医師，地区の民生委員児童委員，利用者のご家族や地域のボランティアなどと支援について協議をし，同意を得た支

援計画をもとにそれぞれの支援者が自らの役割を果たし，支援をしている．私たちは，常に協議と合議を重ね，自分の役割を十分理解しながら，共通の目標に向かって，支援を続けている．

　チームワークというと，よく集団で行うスポーツ競技の話が出る．たとえば，バレーボールを考えてみる．メンバー6人には，アタッカー，レシーバーやセッターなどの役割がある．メンバー個々にすばらしい力があってもその与えられた役割をきちんと果たさないと試合には勝てない．一つの目標（たとえば，試合に勝つこと）に向かって，メンバー全員が気持ちをあわせないと目標達成は望めないことはいうまでもない．目標達成ができるかできないかはチームワークにかかっているということができるだろう．

　利用者の生活を支えるソーシャルワーカーは，その利用者の生活の全体性という視点でとらえ，必要な援助を行っていく．それは，利用者を家族や地域その他環境との関わりでとらえ，援助を行っていくことである．ソーシャルワーカーが利用者を援助するとき，必ずといってよいほど，さまざまな人びととチームを組み，協力しあって援助を進めていく．そのチームのメンバーは，利用者のニーズによるが，保健・医療・福祉分野の専門職者のみならず，他分野の専門職や，利用者の家族や地域の住民，ボランティアなど多岐にわたっている．なぜなら，利用者の解決・軽減すべき生活課題は多様化・複雑化しているからである．生活の全体性を考えてみると，一つの特定の分野のみならず，さまざまな分野が関わりあいながら生活が成り立っているということを考えても容易に理解できることであろう．

　そこで，利用者のニーズに的確に応え，質の高いサービスを提供するために，援助に携わっている者は，他の援助者とよいチームワークを構築していかなければならない．

(1) チームワークとは何か

一般に，チームワークとは，集団を構成する一人ひとりがワーク（人間的・創造的活動）して，しかもばらばらになることなく，それどころか強固に団結し，お互いに助け合い，補完し合い，1＋1が3にも4にもなるような力を出す集団活動のことである．

これが成立するためには，その集団が達成しようとする個々の具体的な課題に関して，集団のメンバーが共通の目標をもつことである．目標は，あくまでも個人個人の主体的なものであろうが，それらを集団全体の目標として一つのものにすることができなければチームはけっして成立はしない．

さて，そこで，社会福祉領域におけるチームワークとは何かについて，2つの定義を紹介しておく．

社会福祉用語辞典では，「グループを構成するメンバーが，仲間としての連帯意識をもち，共通の目標達成に向けて，各自の役割や責任の自覚の相互の信頼関係を前提に共同作業を行うこと，あるいはそのような行動形態を可能にするグループの能力のこと．今日，生活問題の状況や福祉ニーズが多様化・複雑化するなかで，在宅や施設での生活支援において，職員間の連携，あるいは異なる専門職間の連携による取り組みは不可欠であり，チームワークはそのような援助活動の基盤となるものである．[11]」と定義されている．

また，現代社会福祉辞典では，「共通の価値があると考えられた目標・目的・任務を遂行するために，個々に行うべき特定の役割あるいは機能を割り当てられた少人数の集団が，相互に依存し，作用しあい，協働すること．チームワークは，2人またはそれ以上のワーカーが問題解決を図るために関わったときに起こり，一貫性をもって遂行される調整された活動である．[12]」と定義されている．

以上の定義からいえることは，生活課題をもつ利用者に対して，複数の人びとが集まり，共通の目標（利用者の生活課題の解決・軽減）に向かっての協働作業ということである．

以下，笠原幸子の整理したチームワークの必要性や留意点を紹介し，さらなる理解を深めたい．[13)]

(2) **なぜチームワークが必要なのか**
① 利用者のもつ社会生活上の問題が広い範囲にわたり，多くの種類や内容が存在し，それらが込み入ってきたため，一つの専門職では問題解決が困難になってきたこと．
② 個々の利用者がもつ問題の各側面に，最も適した専門職が対応することによって，その問題が効率的に的確に解決されること．
③ チームを編成することによって，社会福祉の専門職は，自らの専門分野である社会福祉固有の実践を行うことができる．

つまり，ひとりの援助者が自己完結的に援助しようとすると，非効率であるばかりでなく，利用者のニーズに対して十分な対応ができないことはいうまでもないだろう．

(3) **チームワークの留意点**
チームワークの長所や短所を踏まえ，チームワークで留意すべき点をまとめると，次のようなことがあげられる．
① 他のメンバーの役割，他の専門職の専門職性について理解すること．
② サービス利用者の多様で複雑な社会生活上の問題を解決・緩和するためには，複数のメンバーがチームを編成し，援助しなければならないことを，すべてのメンバーが共通に認識すること．
③ チームの中で求められている個々の役割を各メンバーが正確に把握すること．
④ 個々のメンバーは，それぞれの専門性をもって，サービス利用者に対して援助を行うが，最終的な目標は一つであり，その目標を各メンバーが共

通に認識していること．

⑤ 可能な限り，定期的なカンファレンスをもって，情報を交換し合うこと．

3 専門職団体

《事例》専門職団体の活動

昨日，C県社会福祉士会では，基礎研修会を行った．基礎研修会というのは，社会福祉士資格取得後3年未満の会員を対象に，社団法人日本社会福祉士会の生涯研修制度の一環として行われている．研修の内容は，会の理解と，倫理綱領や生涯研修制度の説明，そしてグループ演習であった．演習は，1グループ6～7人で，「社会福祉士とは何か？」についてディスカッションを行った．その中で，「専門職として，自覚していかねばならないことを確認できた」「社会福祉士の認知度を高めていくためにももっとスキルアップしていきたい」「メンバー同士の仲間意識が芽生え，社会福祉士として一緒にがんばっていこうと気持ちを新たにした」などの感想が寄せられた．

(1) 専門職団体とは

専門職団体とは，職務遂行のための特定の技能を有する者，または，固有の特質・機能をもった職業に従事する者が結成する団体をいう．

(2) 専門職団体の役割

佐藤が整理した社会福祉援助活動の基本的枠組みを示す「10のP」[14]の中に，ソーシャルワーカーには，専門性の維持やより高い専門性を求めて，専門職団体に加入することが期待されているとある．これを通して，ソーシャルワーカーは4つの総体（価値・知識・技能・能力）の質を高める．

社会福祉専門職研究では，専門職性を確立するうえで，組織化することは必須の要件とされている．団体の組織化によって倫理綱領の採択，所属メンバーの資質・能力の標準化や人材確保を図るための資格認定・教育・研修・訓練等を実施し，専門職としての社会的承認・地位の獲得を目指すが，その活動は当然のことながら，利用者の最大限の利益の享受につながるものでなければなら

表5-1　社会福祉領域の職能団体の動き

1953年	日本医療事業家協会設立
1956年	国際ソーシャルワーカー連盟（IFSW）設立
1960年	日本ソーシャルワーカー協会設立
1964年	日本医療社会事業協会社団法人化
1964年	日本精神医学ソーシャルワーカー協会設立
1966年	日本ソーシャルワーカー協会活動停止
1983年	日本ソーシャルワーカー協会再建
1984年	日本ソーシャルワーカー協会　IFSWに加盟
1986年	「日本ソーシャルワーカー協会の倫理綱領」制定
1987年	「社会福祉士および介護福祉士法」成立
1992年	「日本ソーシャルワーカー協会の倫理綱領」を「ソーシャルワーカーの倫理綱領」とする
1993年	日本社会福祉士会設立 「ソーシャルワーカーの倫理綱領」を日本社会福祉士会の倫理綱領として採択
1994年	日本介護福祉士会設立
1996年	日本社会福祉士会社団法人化
1998年	精神保健福祉士法成立
1999年	日本精神医学ソーシャルワーカー協会から日本精神保健福祉士協会に名称変更
2000年	日本介護福祉士会社団法人化

出典：高山直樹ほか編『福祉キーワードシリーズ　権利擁護』中央法規，2002年，p.67

ないことはいうまでもない．

(3) わが国における社会福祉領域の専門職団体

わが国の社会福祉領域の専門職団体として，国家資格者の団体である日本社会福祉士会，日本介護福祉士会，日本精神保健福祉士協会のほか，日本医療社会事業協会，日本ソーシャルワーカー協会などがあげられる．そのうち，ソーシャルワーカーの専門職団体として，日本社会福祉士会，日本精神保健福祉士協会，日本医療社会事業協会，日本ソーシャルワーカー協会がある．この4団体は，日本国内において日本国調整団体を組織し，国際ソーシャルワーカー連盟（IFSW）に加盟しており，それらの団体の会員はIFSWのメンバーとして

世界のソーシャルワーカーとの連携を図っている（表5-1）．

　その中で，日本社会福祉士会の活動をあげる．社会福祉士会の設立は1993年1月15日，会員数は，1万6,000人を超え（2003年10月現在），全国47都道府県に支部をもつ．定款に会の目的が記されている．「社会福祉士の倫理を確立し，専門的技能を研鑽し，社会福祉士の質と社会的地位の向上に努めるとともに，社会福祉の援助を必要とする人びとの生活と権利の擁護および社会福祉の推進に寄与すること」である．その目的を達成するための主な事業は次のものがある．全国大会などの大会や学会活動，生涯研修制度やケアマネジメント研究，成年後見制度関係などの研修・調査・研究活動，出版・国家試験対策事業活動，ニュース発行，パソコンネットワークなどの広報活動である．会員にはニュースが毎月と研究誌「社会福祉士」が送付されるほか，「社会福祉士」への論文投稿ができる．また，会員専用のホームページにアクセスできるほか会員割引の図書販売がある．さらに，各支部でも独自の活動が工夫されている．

　日本社会福祉士会では，以上のような活動を通して，会員を支え，ひいては社会福祉の援助を必要としている人びとを支えている．

(4) 専門職団体の今後のあり方（課題）

　わが国において，国民からソーシャルワーカーをはじめとする社会福祉領域の専門家といわれる人たちが，医師や弁護士のような専門職としてまだ認識されていないという現実がある．

　そこで，黒木は，今後専門職として認識されるための課題を次の3つに整理している．[15]

① 専門職団体と社会福祉教育・専門職養成機関（大学・短大・専門学校等）との密接な連携活動．

② 専門職団体の加入率の増加の取り組み（たとえば，社会福祉士会の加入率は，登録者の約4割であり，入会の働きかけを行っている）．

③ 大きな専門職団体組織が必要であり，かつ社会的発言力を強めていく組

織作りを目指していくこと．

これらの課題に取り組み，より充実した専門職団体に成長するためには，その会員一人ひとりが専門職団体の役割・機能を十分に理解し，その意義を自覚し，積極的に行動していかなければならない．

注・引用・参考文献

1) 久木田純・渡辺文雄編『エンパワーメント・現代のエスプリ　376』至文堂，1998年，p.45
2) 前掲書，p.5
3) *The Social Work Dictionary,* National Association of Social Workers, 1999, p.153
4) 川田誉音「無力化の意味とエンパワーメント」伊藤克彦・川田誉音・水野信義編『心の障害と精神保健福祉』ミネルヴァ書房，2001年，p.59
5) Mickelson, J. S., "Advocacy" in *Encyclopedia of Social Work* (19th edition), National Association of Social Workers, 1995, p.95.
6) 『「社会的な援護を要する人々に対する社会福祉のあり方に関する検討会」報告書』厚生省社会援護局，2000年
7) 李節子「国際結婚と多民族化する日本人」『チャイルドヘルス』Vol.6, No.1, 2003年，p.45
8) 『平成15年版在留外国人統計』法務省入国管理局，2003年
9) 平岡公一・副田あけみ他編『社会福祉キーワード』有斐閣，1999年，p.224
10) マスラック，C.・ライター，M.P.著，高城恭子訳『燃え尽き症候群の真実』トッパン，1998年，p.26
11) 山縣文治・柏女霊峰編『社会福祉用語辞典　第4版』ミネルヴァ書房，2004年，p.26
12) 秋元美世・大島巌・芝野松次郎・藤村正之・森本佳樹・山縣文治編『現代社会福祉辞典』有斐閣，2004年，p.326
13) 岡本民夫・成清美治・小山隆編『社会福祉援助技術論』学文社，2003年，p.128，132
14) 佐藤豊道は，次のように指摘している．「社会福祉援助活動の基本的枠組みは，『4つの総体』と『10のP』で表すことができる．『4つの総体』とは，援助者が体得していることを期待されているものであって，『10のP』とは，社会福祉

援助活動が成り立つ基本的構成要素をいい，これらが社会福祉援助活動の基本的枠組みを構成する．」福祉士養成講座編集委員会編『新版社会福祉士養成講座8 社会福祉援助技術論Ⅰ』中央法規，2003年，p.25, 29
15) 黒木保博・山辺朗子・倉石哲也編『福祉キーワードシリーズ　ソーシャルワーク』中央法規，2002年，pp.148-149

〈参考文献〉
① 「新・福祉システム PART　17・ソーシャルインクルージョンの具体化」『月刊福祉』第86巻3号増刊号，2003年
② 加茂陽編『ソーシャルワーク理論を学ぶ人のために』世界思想社，2000年

学びを深めるために

① 杉本貴代栄・河野貴代美編『新しいソーシャルワーク入門』学陽書房，2001年
　日本のソーシャルワークの中で見落とされがちであった女性，外国人，エイズなどの課題をとりあげ，新しいソーシャルワークのあり方をわかりやすく解説したソーシャルワークの入門書．
② 石河久美子『異文化間ソーシャルワーク―多文化共生社会をめざす新しい社会福祉実践』川島書店，2003年
　日本に滞在する外国人の増加にともない，異なる文化的背景を持つクライエントに対する援助の方法が求められている．本書ではこの枠組みを「異文化間ソーシャルワーク」と定義し，その理論と実践方法について論じている．
③ 清水隆則・田辺毅彦・西尾祐吾編著『ソーシャルワーカーにおけるバーンアウト』中央法規，2002年
　バーンアウトに焦点を当て，ソーシャルワーカーを取り巻く問題について論じられている．本節のトピックに関して，多くの示唆を与えてくれている書である．
☞ 現代の日本の社会において，差別や搾取により潜在能力を十分に発揮できない立場にある人たちは，具体的にはどのような人たちか考えてみよう．その人たちをエンパワーするためにはどうしたらよいのだろうか．
☞ 自分の住んでいる地域に居住する外国人の状況について，国籍，人数，日本にやってきた経緯などを調べてみよう．また，その人たちを支援する行政サービスや民間団体の活動はどのようになっているだろうか．
☞ 皆さんの実習やボランティア活動，仕事等の経験を通して，当事者（利用者）に対する支援を行っていくうえで，援助者がどのような協力関係を築き，チームワークを図っていくのかを考えてみよう．

学びのオリエンテーション

多文化ソーシャルワーカーとは

　多文化ソーシャルワーカーという言葉やその必要性は，社会福祉分野の研究者や実践者の中からよりも，外国人が多く居住する地域の国際交流協会など，在住外国人の生活問題への対応を迫られる現場から提起されるようになった．

　外国人の生活問題の複雑化・多様化にともない，外国人クライエントの文化的背景を理解し，クライエント個人に直接的に働きかけるだけではなく，外国人が暮らしやすい生活環境を整えたり，支援に必要なプログラムやサービスを作るための働きかけも行える人材が，地域で求められるようになってきたからである．

　多文化ソーシャルワーカーには，2つのタイプが考えられる．一つは，日本人であるが，文化的繊細さを備え，自分とは異なる文化的背景をもつクライエントに対応できるワーカーである．もう一つは，外国人当事者の言語や文化に属しつつ，日本語を活用することができ，日本の文化や社会の仕組みにも通じたワーカーである．

　しかしながら，ソーシャルワークの基本的知識・技術・価値を備え，かつ外国人固有の問題に対応する能力をもつ人材は現時点ではまだほとんど見あたらず，今後どのようにしてこのような日本人，外国人当事者双方の人材を育成していくかが，大きな課題である．

石河久美子

学びのオリエンテーション

スーパービジョンとコンサルテーション

　ソーシャルワーカーの研修会でのことである．研修会終了後，あるソーシャルワーカーが講師に相談を持ちかけた．その相談内容は「私は，ソーシャルワーカーとしての経験が浅く，援助困難といわれる利用者への援助プログラムを作るうえで，具体的な対策を考えることができずに困っている．」ということだった．講師は限られた時間ではあったが，相談者の話にじっくりと耳を傾け，相談者の苦しい気持ちを十分受け容れたうえで，自分の経験を話したり，いくつかの助言を行ったりした．相談を持ちかけたソーシャルワーカーは講師からの助言をふまえ，気持ちを新たに具体的な対策を考えた．

　スーパービジョンは，ソーシャルワーカーなどの社会福祉援助従事者のよりよい成長を支え，援助の質を高めるものである．その機能には，教育（学習）的機能，支持（援助）的機能，管理（調整）的機能の3つがある．上記のエピソードはスーパーバイザー（講師）がスーパーバイジー（相談者）に支持（援助）的機能を意識して行ったものである．スーパービジョンの場としては，職場内はもちろん，本例のように職場外でも想定される．職場外では，研修会，研究会，講演会などがあげられるだろうが，日本ソーシャルワーカー協会や日本社会福祉士会などの専門職団体の果たす役割も大きいものと考えられる．スーパービジョンの種類には，本例のような個別スーパービジョンのほか，グループを活用したグループスーパービジョン，スーパーバイザーとスーパーバイジーがケース（利用者）にいっしょにあたるライブスーパービジョン，従事者同士がお互いに事例検討などを活用して行うピアスーパービジョンがある．

　最後に，スーパービジョンの課題の一つとして，スーパーバイザーの役割を的確に果たすことができる多くの人材を継続的に育成していくことが急務であるということをあげておきたい．

　ところで，スーパービジョンは経験豊富な社会福祉援助従事者が同僚や後輩に行っていくのに対し，医師や弁護士などの関連機関や関係機関の専門家から社会福祉援助従事者が日常活動で直面している課題や問題についての助言や援助を受けることをスーパービジョンと区別してコンサルテーションという．

　コンサルテーションは，精神医療の場で社会福祉援助活動を行う場合，利用者への対応に，精神医学や心理学などの隣接領域の専門家の助言が不可欠になっていることなどにより，近年重要視されるようになった．さらに，保健・医療・福祉や他の関連領域等との連携が進展していく中でコンサルテーションの需要は高まりつつある．

矢野明宏

エピローグ —ソーシャルワーカーの力量を社会に示す—

　ソーシャルワーカーの資格である社会福祉士制度が発足してから20年近くが過ぎた．いまでは約7万人の社会福祉士が生まれ，さまざまな実践現場で活躍している．

　介護保険，支援費制度などによる福祉サービスの契約制度への移行によって，自ら判断する能力に欠ける利用者の権利を擁護することが重要になっている．また児童養護施設では，虐待を受けた児童を適切に支援できる専門性の高い職員が求められている．このような役割や機能を中心になって担うのがソーシャルワーカー（社会福祉士）である．しかしながら，一般社会のソーシャルワーカーに対する理解度や認知度は決して高いとはいえないし，社会福祉士の職域がいまだしっかりと確保されていないことも事実である．

　このような状況を変革すべく専門職団体，社会福祉士の養成校，研究者，実務家が協力して，自らの力量を示して，社会の要請に応えていくことが必要である．

　本書が読者の社会福祉援助技術に対する理解を深めることを願っている．最後に，本書の出版を可能にしてくださった，山梨県立大学の川池智子さん，学文社の田中千津子社長，編集部の落合絵理さんに感謝申し上げる．

2005年　春　　　　　　　　　　　　　　　　　　　　編　者

ソーシャルワーク（社会福祉援助技術）年表

西暦	年号	国内外の出来事	社会福祉・社会保障関連	西暦	海外のソーシャルワーク	日本のソーシャルワーク
1868	明治元	王政復古の大号令		1868		
1869	2			1869	ロンドンで慈善組織協会(COS)設立	
1871	4	廃藩置県	行旅病人取扱方規則	1871		
1872	5	富岡製糸場操業・学制公布		1872		
1874	7		恤救規則	1874		
1884	17			1884	ロンドンでトインビーホール設立	
1889	22	大日本帝国憲法発布		1889	シカゴでハルハウス設立	
1891	24	足尾鉱毒事件		1891		
1894	27	日清戦争(〜95)		1894		
1897	30		片山潜,キングスレー館設立	1897		
1898	31			1898	ニューヨーク夏季学校設立	
1899	32	北海道旧土人保護法	行旅病人及行旅死亡人取扱法	1899		
1900	33		感化法	1900		
1901	34	八幡製鉄開業		1901		
1904	37	日露戦争(〜05)		1904		
1905	38			1905	米,マサチューセッツ総合病院にMSW部設置	
1908	41		中央慈善協会設立	1908		感化救済事業講習会開始
1910	43	大逆事件・韓国併合		1910		
1911	44	工場法制定(16施行)	恩賜財団済生会設立	1911		
1914	大正3	第一次世界大戦(〜18)		1914		
1915	4			1915	フレックスナー演説	
1917	6	ロシア革命	軍事救護法	1917	M.リッチモンド『社会診断』	
1918	7	米騒動	大阪方面委員制度	1918		
1919	8	ドイツ,ワイマール憲法制定		1919		
1920	9	国際連盟発足・第1回メーデー		1920		
1922	11	全国水平社創立・日本共産党結成	健康保険法(27年施行)	1922		
1923	12	関東大震災・朝鮮人虐殺		1923		
1925	14	治安維持法・普通選挙法・細井『女工哀史』		1925		
1928	昭和3			1928	国際社会事業協議会(ICSW)設立,後に国際社会事業学校連盟(IASSW)と改称	社会事業研究生制度創設

ソーシャルワーク（社会福祉援助技術）年表

年		社会的事項	法制度等	年	海外SW事項	日本SW事項
1929	4	世界大恐慌	救護法(32年施行)	1929	ミルフォード報告	聖路加国際病院MSW部設置
1931	6	満州事変勃発		1931		
1933	8	ナチス政権成立・アメリカ、ニューディール政策		1933		
1935	10		アメリカ、社会保障法	1935		
1936	11	二・二六事件	方面委員令制定	1936		
1937	12	日中戦争(〜45)、南京大虐殺	軍事扶助法・母子保護法・保健所法制定	1937		
1938	13	国家総動員法	厚生省設立・旧国民健康保険法・社会事業法	1938		竹内愛二『ケース・ウォークの理論と実際』
1939	14			1939	レイン報告（『COの分野』）	
1940	15	日独伊三国軍事同盟成立・隣組制度実施	国民優生法・国民体力法	1940	G. ハミルトン『ケースワークの理論と実際』	
1941	16	太平洋戦争(〜45)	戦時災害保護法	1941		
1942	17			1942	イギリス、ベヴァリッジ報告	
1944	19		旧厚生年金保険法制定	1944		
1945	20	広島・長崎に原爆、ポツダム宣言、国際連合発足		1945		
1946	21	世界保健機関(WHO)設立・日本国憲法発布	GHQ社会救済に関する覚書・旧生活保護法	1946		日本社会事業学校開設
1947	22	労働基準法	失業保険法・労働災害保険・保健所法制定	1947		社会事業学部設立基準の採択
1948	23	国連「世界人権宣言」採択	民生委員法制定	1948		
1949	24	シャウプ勧告、国連「児童憲章」	GHQ「6項目提案」、身体障害者福祉法制定	1949		
1950	25	朝鮮戦争(〜53)、総評結成	新生活保護法・精神衛生法・「社会保障制度に関する勧告」	1950		社会福祉主事の設置に関する法律
1951	26	対日講和条約・日米安保条約調印	社会福祉事業法制定	1951		
1952	27			1952	全米ソーシャルワーク教育協議会(CSWE)結成	
1953	28			1953		日本医療社会事業家協会結成
1954	29	ビキニ事件	厚生年金保険法制定	1954		日本社会福祉学会設立
1955	30	社会党統一・自由民主党結成(55年体制)・森永砒素ミルク事件		1955	全米ソーシャルワーカー協会(NASW)結成	日本社会事業学校連盟設立(16校)
1956	31	売春防止法		1956	国際ソーシャルワーカー連盟(IFSW)結成	岡村重夫『社会福祉学（総論）』仲村・岸論争
1957	32	水俣病表面化		1957	バイステックの7つの原則	
1958	33		新国民健康保険法制定	1958		

年		社会情勢	日本の福祉	年	ソーシャルワーク理論	その他
1959	34	最低賃金法・国連「児童権利宣言」	国民年金法制定	1959		
1960	35	安保闘争, 三井三池闘争・「所得倍増計画」発表	精神薄弱者福祉法制定	1960	NASW倫理綱領	日本ソーシャルワーカー協会結成
1961	36	農業基本法	国民皆保険・皆年金制度発足	1961		
1962	37	キューバ危機, サリドマイド事件	老人家庭奉仕員補助制度実施	1962		
1963	38	アメリカ, ケネディ大統領暗殺	老人福祉法制定	1963	G. コノプカ『ソーシャル・グループワーク』	
1964	39	アメリカ, 公民権法・東京オリンピック・新幹線		1964		
1965	40	米, ベトナム北爆・国連「人種差別撤廃条約」		1965		
1966	41	国連「国際人権規約」・中国, 文化大革命		1966		
1967	42	公害対策基本法		1967		
1968	43	国民総生産(GNP)資本主義国第2位		1968	英国シーボーム委員会報告	
1970	45	大阪万国博覧会開催	心身障害者対策基本法制定・堀木訴訟開始・「社会福祉施設整備5ヶ年計画」策定	1970		
1971	46	国連「精神薄弱者の権利宣言」		1971		中央社会福祉審議会「社会福祉士法」制定試案
1972	47	沖縄返還・日中国交正常化・浅間山荘事件	老人福祉法改正(70歳以上医療費無料化)	1972		
1973	48	円変動相場制移行・第1次石油危機	「福祉元年」公害健康被害補償法制定	1973	ピンカスとミナハン『ソーシャルワーク実践:モデルと方法』	
1974	49		雇用保険法制定(失業保険法改正)	1974		
1975	50	国連「障害者の権利宣言」・国際婦人年		1975		
1979	54	第2次石油危機・「女性差別撤廃条約」・国際児童年・「新経済7ヵ年計画」	政府「日本型福祉社会構想」発表・全社協「在宅福祉サービスの戦略」発表	1979		
1980	55	富士見産婦人科病院事件		1980	ジャーメインとギッターマン『ソーシャルワーク実践のライフモデル』	
1981	56	国際障害者年・「第2次臨時行政調査会」設置	厚生省, 123通知	1981		
1982	57		老人保健法制定(83年施行)	1982	英国バークレー報告	
1983	58	国連・障害者の10年開始(〜92)		1983		

ソーシャルワーク（社会福祉援助技術）年表

西暦	和暦	事項1	事項2	西暦	事項3	事項4
1985	60	プラザ合意・男女雇用機会均等法制定		1985		学校連盟「社会福祉専門職養成基準」策定
1986	61	機関委任事務整理合理化法	基礎年金制度導入	1986		「ソーシャルワーカーの倫理綱領」採択・宣言
1987	62	国鉄分割・民営化, JRの発足	精神保健法制定(精神衛生法改正)	1987		社会福祉士及び介護福祉士法制定
1988	63	リクルート事件・バブル景気	障害者雇用促進法制定	1988	英国グリフィス報告, ワグナー報告	
1989	平成元	東西冷戦終結宣言・国連「児童の権利条約」採択・消費税実施	「今後の社会福祉のあり方について」「ゴールドプラン」	1989		
1990	2	東西ドイツ統一	福祉関連8法改正	1990	アメリカ障害者法(ADA)	
1991	3	湾岸戦争・ソ連消滅・育児休業法制定		1991		
1992	4	ウルグアイ・ラウンド・エーデル改革(ス)	福祉人材確保法制定	1992		
1993	5	行政手続法制定	障害者基本法制定・福祉用具法	1993		日本社会福祉士会設立
1994	6	国際家族年・地域保健法(保健所法改正)	ハートビル法・「新ゴールドプラン」	1994		
1995	7	阪神・淡路大震災, サリン事件, 地方分権推進法	精神保健福祉法・高齢社会対策基本法・「障害者プラン」	1995		
1996	8	HIV訴訟和解, 岡光前厚生次官逮捕	らい予防法廃止・「高齢社会対策大綱」	1996		
1997	9	アイヌ文化振興法制定	介護保険法	1997		精神保健福祉士法制定 介護支援専門員(ケアマネジャー)制度
1998	10	NPO法・被災者生活再建支援法	知的障害者福祉法・「社会福祉基礎構造改革」	1998		
1999	11	国際高齢者年・地方分権一括法・情報公開法制定	成年後見制度制定(民法など4法改正)	1999		
2000	12	少年法改正(刑事罰適用年齢を14歳に引下げ)	社会福祉法・交通バリアフリー法・「ゴールドプラン21」	2000		
2001	13	国際ボランティア年	ハンセン病補償金支給法制定・厚生労働省発足	2001	IASSWとIFSW「ソーシャルワークの国際定義」	日本社会福祉士養成校協会設立
2002	14		身体障害者補助犬法制定	2002		
2003	15	イラク戦争・性同一性障害特例法制定(04年施行)	新障害者プラン策定	2003		日本社会福祉教育学校連盟発足

（湯浅典人・亀田　尚）

参考文献
　Robert L. Baker, *The Social Work Dictionary* (4th edition), NASW Press, 1999.
　一番ケ瀬康子・大友信勝・日本社会事業学校連盟編『戦後社会福祉教育の五十年』ミネルヴァ書房, 1998年

『平成16年版　厚生労働白書』ぎょうせい
川池智子・田畑洋一・中里操編『現代社会福祉概論』学文社，2001年
地域福祉学会編『地域福祉事典』中央法規，1997年
一番ヶ瀬康子・高嶋進編『講座社会福祉第2巻　社会福祉の歴史』有斐閣，1981年
『現代用語の基礎知識』自由国民社
『現代社会　資料集』実教出版

索　引

あ行

アウトリーチ　57
赤い羽根共同募金　95
アカウンタビリティ　115
アダムス,J.　28
アドボカシー　8-10,163
医学モデル　67
一般システム理論　42
異文化間ソーシャルワーク　171
医療ソーシャルワーカー　56
インフォーマル・サポートネットワーク　147
インフォームド・コンセント　59
ヴィンター,R.　37
NPO　146
MBO　110
援助関係　18
エンパワーメント　8,10,45,67,161
OJT　110

か行

開業　8
課題中心モデル　67
観察法　89
間接援助技術　51
関連援助技術　51
危機介入モデル　67
ギッターマン,A.　43
機能学派　32
逆転移　19
QCサークル(活動)　105,106
金銭給付　6
近隣ギルド　27
グループ
　──の凝集性　76
　自然発生的──　73
　人為的──　73
　閉鎖的──　76
　開放的──　76
グローバリゼーション　166
ケアプラン　124

現物給付　6
憲法第25条　5
コイト,S.　27-28
行動変容モデル　67
国際ソーシャルワーカー連盟　7
コノプカ,G.　35,70
個別化　63
コンサルテーション　55,187

さ行

歳末たすけあい募金　95
サービス給付　6
ジェネリック・ソーシャルワーク　41,42
支援費制度　135
自己覚知　19-20,64
自己決定　7,64
自己実現　7
システム理論　42
慈善組織協会(COS)　25
質問紙法　89
社会資源　74
『社会診断』　30
社会福祉運営管理　53
社会福祉援助技術の統合化　39,40
社会福祉士及び介護福祉士法　50
社会福祉活動法　54
社会福祉計画法　54
社会福祉調査　53
ジャーメイン,C.　43
自由面接法　89
受容　64
シュワルツ,W.　37
準専門職　3
障害者ケアマネジメント　157
職業倫理　11
自立支援　6
事例調査　89
人事考課　112
診断学派　32
ステークホルダー　104
スーパーバイザー　19

スーパービジョン　19,41,55,187
生活モデル　43
生活問題　4
精神医学ソーシャルワーカー　56
生態学的視点　42
説明責任　115
セツルメント運動　25
セルフケアマネジメント　157
全数(悉皆)調査　88
全米ソーシャルワーカー協会　38
専門職団体　181
専門的権威　19
相互援助　82
相談援助　5
ソーシャル・アクション　10,54,66
ソーシャル・アドミニストレーション　53
ソーシャル・プランニング　54
ソーシャルインクルージョン　17,165
ソーシャルサポート・ネットワーク　54,91
ソーシャルワーク・リサーチ　53

◯ た　行

第1次分野　55
第三者評価　115
第2次分野　55
代弁　8,9,10
タフト,J.　34
多文化共生社会　174
地域生活移行支援　134
地域組織化　144
地域福祉権利擁護事業　98
チームワーク　105,177
直接援助技術　51
転移　20
トインビー・ホール　26
統計調査法　89
ドメスティック・バイオレンス　160

◯ は　行

バイステック,F. P.　63
バートレット,H. M.　38
バーネット,S.　26
ハミルトン,G.　32
ハル・ハウス　28
パールマン,H. H.　35
バーンアウト　175
ピアカウンセリング　140
秘密保持　60,64
標本調査　89
貧困の再発見　39
ブース,C.　27
福祉コミュニティ　91
福祉組織化　144
ふれあいいきいきサロン　152
フレックスナー,A.　32
フロイト,S.　32
プログラム活動　73
ベルタランフィ,L. von　42
ボランティア・コーディネーター　87
ホリス,F.　32

◯ ま　行

燃え尽き症候群　175

◯ や　行

友愛訪問員　28

◯ ら　行

ライフモデル　43
ラポール　57,147
ランク,O.　34
リーダーシップ　103
リッチモンド,M.　29,47
倫理綱領　11-13
ロビンソン,V.　34

◯ わ　行

われわれ意識　79

社会福祉の新潮流⑧
社会福祉援助技術論

2005年4月10日　第一版第一刷発行

編者　北　本　佳　子
　　　湯　浅　典　人

発行所　㈱　学　文　社
発行者　田　中　千　津　子

東京都目黒区下目黒 3-6-1　〒153-0064
電話 03(3715)1501　振替 00130-9-98842
http://www.gakubunsha.com

ⓒ2005 KITAMOTO Keiko & YUASA Norito
Printed in Japan

落丁・乱丁本は，本社にてお取替えいたします。
定価は売上カード，カバーに表示してあります。

印刷／亨有堂印刷所
ISBN4-7620-1424-9　　検印省略